廖钢
编著

别点了

管理的死穴

BIEDIANLEGUANLIDESIXUE

中国华侨出版社

图书在版编目（CIP）数据

别点了管理的死穴/廖钢编著．—北京：中国华侨出版社，
2011. 11（2014. 10 修订版）
ISBN 978－7－5113－1848－0

Ⅰ．①别…　Ⅱ．①廖…　Ⅲ．①管理学　Ⅳ．①C93

中国版本图书馆 CIP 数据核字（2011）第 226768 号

●别点了管理的死穴

编　　著/	廖　钢
责任编辑/	文　筝
封面设计/	纸衣裳书装
经　　销/	新华书店
开　　本/	710×1000 毫米　1/16　印张 18　字数 220 千字
印　　刷/	北京溢漾印刷有限公司
版　　次/	2011 年 12 月第 1 版　2014 年 10 月第 2 次印刷
书　　号/	ISBN 978－7－5113－1848－0
定　　价/	32. 80 元

中国华侨出版社　　北京朝阳区静安里 26 号通成达大厦 3 层　　邮编 100028
法律顾问：陈鹰律师事务所

编辑部：（010）64443056　　64443979
发行部：（010）64443051　　传真：64439708
网　址：www. oveaschin. com
e-mail：oveaschin@ sina. com

前 言 PREFACE

在企业竞争中,不同于你死我活的生死搏斗,管理是一种争取双赢的过程,既要让企业提高效率、正常运转,又让员工得到实惠,实现自我价值。成功的管理者,善于运用各种资源,把握员工的心理特征,把管理当成一门高深的艺术,从而达到双赢的目的。

管理是一个复杂的过程,作为管理者,你需要选好人,用好人,需要协调企业内部各方面的利益,需要高明的管理手段来化解一个又一个矛盾……实际上,这个过程比两个人的生死搏斗更要耗费精力,稍有差池,便会产生不可预料的后果。所以,管理无小事,任何一点处理不好就有可能"牵一发而动全身",这时候,需要管理者慎之又慎,千万不可点了管理的死穴。

也许你会说,作为管理者,你久经考验,已经到了炉火纯青的地步了,根本不可能犯管理上的错误。不要忘了,有时候平静只是一种表面的状态,平静的海面下说不定已经暗流涌动。不妨看看下面这些情况,说不定你已经点了管理的死穴了:

喜欢雷厉风行的管理方式,下属对你毕恭毕敬。其实,这只是

"白色恐怖"之下的"噤若寒蝉",不反对不代表赞同,无人敢言才是真正的可怕。过于刚硬,就会走上管理的极端;反之亦然。

喜欢大权独揽,事事亲力亲为,下属乐得轻松。回顾历史,刘邦之所以成就霸业,不是因为他能力超群,而是因为他善于用人,懂得授权。相比之下,诸葛亮才华盖世,却只能成为一代名相。

过分重视团队中的核心成员,把他塑造成为团队的超级明星。需要知道,成功不是靠着一个人的力量,而是靠着集体的力量,红花还须绿叶扶。离开了团队,一个人再强也什么都不是。

从来不在自己身上找原因,认为管理上的问题都是出在员工身上。这样的管理者终究会遇到难以解决的问题,当你在员工身上找不到原因的时候,你必须承认,问题其实出在自己身上。

……

做好管理的难度之高,我们可以想到,稍不留神,就会点了管理的死穴,造成两败俱伤的局面。因为,作为管理者,不仅要相信自己的能力,更要善于自我反省。没出问题不代表没有潜在危机,管理者一定要善于观察和总结,多多和员工交流,看看自己的管理有没有出问题,千万别点了管理的死穴。

目 录 CONTENTS

第一章 别做管理上的极端派

每个管理者都有自己的管理风格，有的人属于雷厉风行型，对下属威严有加，亲切不足，下属将其视为"雷公"；有的人属于春风化雨型，对下属循循善诱，缺乏威严，下属将其视为"好人"。在现实的工作中，企业内部会发生各种各样的事情，需要管理者用不同的手段去处理，如果单纯地采用"雷公"或者"好人"管理风格，就走上了管理的极端之路。只有刚柔相济，找准均衡点，才能管理好企业内部的大小事务。

第二章　别混淆了选人的标准

韩愈说，千里马常有，而伯乐不常有。但是在实际工作中，企业的管理者经常会感叹人才难求，有时候你以为自己招到了一匹千里马，但工作一段时间，才发现他却是一匹不合格的马。每年这么多的求职者，里面肯定不乏真正的千里马，但企业却招不到合适的人，这其实是管理者的选人标准出了问题。回想一下，作为管理者，你是否过分看重文凭而忽视能力，你是否先入为主，对应聘者产生偏见……

第三章　别做事必躬亲的专权者

成功的帝王不是全才，他只是善于用人；同样，成熟的管理者不是凡事亲力亲为的"苦力"，他会把一部分权力和事情分配给能够胜任的下属。很多管理者喜欢做"集权者"，不喜欢分权，但实际上分权只是授予权力，权力的所有人是管理者。授权给下属，不仅将自己从日常琐事中解放出来，能够更有精力地投入到决策等重要事务中，还能提高下属的积极性，让下属成为自己的左膀右臂。

CONTENTS 目录

第四章　别误用了激励的手段

　　每个人内心都渴望得到别人的认可，这对自己是一种能力上的肯定。作为管理者，要深刻理解激励的重要性，把激励当做管理的一种有效手段，提高员工的积极性，进而提高企业的效益。激励方式包括物质上的激励和精神上的激励两大方面，管理者需要知道除了提成、奖金之外，员工还需要赞美和支持，需要管理者发自内心的认可。这两者结合起来，就能达到"士为知己者死"的理想效果。

第五章　别让你的批评没有效果

　　人人都不喜欢被批评，但是作为管理者，有时候不可避免地要指出员工工作上的失误或者态度上的懈怠，这时候就需要掌握批评的技巧了。和赞美一样，批评也是一种艺术。善用批评者，非常明确地知道每次批评的目的，知道对不同的人、不同的事采用不同的批评方式。批评中还有一些禁忌需要管理者注意，批评下属的时候要注意场合和自己的情绪，尽量使用平和的语气，有时候不妨采用幽默或者委婉的方式，千万不可怒火中烧，口不择言。

CONTENTS 目录

第六章　别偏废了团队和个体

现代企业都非常重视团队合作，一个优秀的团队能够拉动整个企业的效益，成为企业的核心资源。作为管理者，在团队管理中，应该注意协调好团队中的内部矛盾，重视团队中的每一个成员，切不可只关注"超级明星"，而把其他成员看得不重要，须知"红花仍需绿叶扶"。竞争才能产生进步。在团队中，管理者要倡导良性竞争，反对恶性竞争，真正激发出团队的活力。

第七章　别让管理变得冷冰冰

在企业中，很多管理者把自己当成高高在上的主宰者，对下属呼来喝去，把下属看成没有感情的机器人。虽然表面上，员工对上司敬畏有加，但从内心里，缺乏人性化的管理，已经让员工失去了对工作的热情，工作在他们眼中只是混饭吃的工具，长此以往，企业肯定深受其害。管理者一定要实行人性化管理，多多关注员工的需求，真正地关心、支持下属，让员工切实感受到来自企业的关怀。

第八章　别让矛盾损害了公平

企业内部会有这样那样的矛盾，如何正确地处理这些矛盾成为管理者日常工作中的重要组成部分。既要实际解决矛盾，恢复正常秩序，又要保持公平，兼顾各方面的利益，这其实不是一件容易的事情。管理者处理矛盾时，第一步要查清楚原因，这是很关键的一点；其次，需要秉承公平的原则，公正解决员工之间的冲突。做决定的时候要审慎，寻求利益的最佳平衡点。

第九章　别忘记从自身找原因

作为管理者，当你的管理进入死胡同时，当所有的员工都对你心存不满时，不妨进行一下自省，是不是自己身上有一些缺陷。"人非圣贤，孰能无过"，检查一下你的工作方法是不是陈旧老化；看看你是不是刚愎自用，不肯听取员工的意见；回想一下你是不是失信过员工，是不是喜欢跟下属争功。如果问题出在自身，先改掉自己身上的不足吧。

目录
CONTENTS

第一章
别做管理上的极端派

　　每个管理者都有自己的管理风格,有的人属于雷厉风行型,对下属威严有加,亲切不足,下属将其视为"雷公";有的人属于春风化雨型,对下属循循善诱,缺乏威严,下属将其视为"好人"。在现实的工作中,企业内部会发生各种各样的事情,需要管理者用不同的手段去处理,如果单纯地采用"雷公"或者"好人"管理风格,就走上了管理的极端之路。只有刚柔相济,找准均衡点,才能管理好企业内部的大小事务。

以柔克刚，避免走极端

以柔克刚是一种十分常见而又屡试不爽的对敌智慧，这一智慧在管理过程中的应用也产生了极佳的效果。

比如，管理者有时会碰到这样一种人，他们总是喜欢不遗余力地攻击指责别人，或散布流言飞语，或造谣中伤，或出言不逊，等等。在这种情况下，要不要针锋相对地予以回击呢？对此，在考虑和选择自己的行为方式时，应该注意以下几个问题。

第一，应弄明白你所遇到的是不是真正的攻击。下面几种情况很容易被误认为是攻击：1. 由于对某种事物持不同的看法，对方提出了比较强硬的质疑或反对意见。此时，如果你能够给予必要的解释和说明，矛盾很可能会很好地解决。2. 由于自己对某事处理不当，对方在利益受损的情况下表示不满，提出抗议。如果的确是自己处理不当，或虽并非失误，但确有不完善之处，而对方又言之有理，那么，尽管对方在态度和方式上有出格的地方，也不能看成是攻击。3. 由于某种误解，致使他人发脾气，或出言不逊。在这种情况下，只要耐心地、心平气和地把问题澄清，事情自然也会过去。如果忽视了判别与区分真假攻击的不同，往往会铸成大错。

第二，即便你完全能够确定他人在对你进行恶意攻击，也不必统统地给予回击。在与下属的交往中，对付恶意攻击最好的方式莫过于不理睬他。如果你不理睬他，他仍不放松，那也不必对着干。因为这样对于对方来说恰恰是"正中下怀"。不难发现，那些喜欢攻击他人的人，大多善于以缺德少才之功消耗大德大智之势。你同他对着干，他不仅喜欢奉陪，还颇会恋战，非把你拖垮不可。在这种时候，你应果断地甩袖而去。

中国古代哲学名著《老子》中有这样一句话："天下莫柔弱于水，而坚强者莫之能先。"攻击者并不属于真正的强者。对那些冒牌的强者采用对攻，是很不值得的。

管理者与富有攻击性的人打交道，不管他是否怀有敌意，头一条是要敢于面对他的进攻。此外，还应注意以下要点：1. 给对方一点时间，让对方把火发出来；2. 对方说到一定程度时，打断对方的话，随便用哪种方式都行，不必客气；3. 如果可能，设法让其坐下来，使他不那么好斗；4. 以明确的语言阐述自己的看法；5. 避免与对方抬杠或贬低对方；6. 如果需要并且可能，休息一下再和他私下解决问题；7. 在强硬后做一点友好的表示。

应该说，大多数人的性格中都不乏刚性的成分，也并非每一种刚性都能在强硬的管理手段面前败下阵来。管理者要用心摸索管理的最佳方式方法，学会以柔的力量克制刚性的不羁。这样，才能以最小的付出达到最好的管理成效。

刚柔相济，制造紧迫感

紧迫感是下属努力工作的催化剂，如何让下属产生紧迫感呢？一个似乎有点笨但绝对有效的做法是，紧紧地"盯"着他们，关注他们的工作进展并及时指出不足，尽量把自己所承受的来自市场的或来自上级的压力传达到每一个下属身上。

不称职的部下就得换掉，这当然不错，但这并不是处理人事问题的高明方法，同时也不是处理人事问题的最终目的。从郭士纳那里我们会受到不少启发。当郭士纳从艾克斯手里接过处境不妙的IBM时，大家原以为公司的很多头头脑脑都要走人，但郭士纳只是撤换了财务和人事主管，以及其他3个主要的执行官。他当初的决策是否英明，只要看看现在的IBM比当初高出10倍的股价就全都明白了。

郭士纳知道，IBM雇员心里最急迫的问题就是："我1个月后还会在公司干吗？6个月后呢？1年后呢？"郭士纳上任只有5天，就竭力向雇员们保证，虽然他的扭亏为盈计划难免会伤害一些人，但他会尽力缓解痛苦的。他知道每个首席执行官在动手裁员前都说这话，可是他在4月6日的一份备忘录中说的却是肺腑之言："你们中有些人多年效忠公司，到头来反被宣布为'冗员'，报刊上也登载了一些业绩评分的报道，当然让你们伤心愤怒。我深切地感到自己是在要大量裁员的痛苦之时上任的。我知道这对大家都是痛苦的，但大家知道这是必要的。我只能向你们保证，我将尽一切可能尽快地度过这个痛苦时期，好让我们开始向未来看，并期待着重建我们的企业。"

他用电子邮件把这份备忘录发给 IBM 的所有员工。这和 IBM 以前的领导人与雇员沟通的方式大相径庭。他不再用艾克斯的正式电视讲话这一办法了，因为雇员们都不理睬他的讲话。他是第一个把电子邮件发给全公司的人的 IBM 的首席执行官，这是非正式的、个人间的和前所未闻的。有谁能不打开公司的新首席执行官写给自己的电子邮件呢？从一开始，郭士纳就试图突破传统，想表明 IBM 不必那么一本正经，随和的方式也是很好的。

听了郭士纳的话，IBM 的员工中很少有人会完全放心的，但是他知道自己真的别无选择。正如他所说："90 年代的启迪就是，世界上任何地区的公司都不能保证一个员工也不辞退。那是空头支票。"

但是，他知道必须开通与员工交流的渠道。他希望大部分人都能理解他的坦诚态度。当然，这样会裁减更多人员，但是他也希望，那些有幸留下的员工会开始感觉到过了一关。因为他向他们许诺，一旦裁员结束，就不再裁员了。留下的人会觉得他们的工作在长期内是有保障的，他们能毫无忧虑地重新工作。他何时行动呢？在这个关头他还不知道。但是他决心已定，在不可避免的一次性裁员结束后，他说："我们可以对客户、雇员和股东说，我们公司不是一味裁员。裁员工作已经过去了。"

郭士纳之前的 IBM 变成了一个不健康的家庭。后来的 IBM 个人电脑公司的总经理萨姆尔·佩米萨罗回忆说："那时我们的企业文化营造出一种平缓舒适的氛围，有时你甚至会忘了自己在哪儿。会议总是轻松愉快，你走进会议室，看到一切都是那么和谐，几个人坐在一起悠闲地聊天。如果经营情况较好，他们会说'非常感谢'。即使结果不尽如人意，他们还是会说'我们知道你已经尽力了，十分感谢'。"

没有一个人会把郭士纳的会议描绘成这般轻松愉快。会前他要求各部门主管把运营情况和出现的问题全都写下来，即使偶尔看到你，他也不会停下来和你聊天。他这样做的目的是使 IBM 人习惯于正视困难。在用户会议上，他鼓动人们对他的董事会发难。如果董事们回避问题，郭士纳就会指定一个董事负责解决。佩米萨罗回忆起当时的情形说："他会从椅子上跳起来，毫不留情地训斥他的下属。"他直率的作风让整个公司都感到震颤。佩米萨罗继续说："要是你被郭士纳点了名，别指望会听到一句称赞的话，多数时候都是他愤怒地责问：'这到底是怎么回事？'"

在他组建管理队伍时，郭士纳说："我不管你将是未来的商界名人，或是正准备另谋出路，我要的是你们现在得为我尽心尽力地工作。"对他手下那批管理者来说，适应郭士纳的过程就如同达尔文的进化论一样残酷而且缓慢。IBM 的经理常谈起，他们是如何被郭士纳偶然叫住，并被要求立即对一名同事作全面的评估。一位 IBM 雇员说："他想知道我对自己的上司怎么看。尽管我说的都是称赞的话，但当着他的面我始终感到心惊胆战。"开会时，郭士纳习惯对每个在场的人作一番评价，他说："毫无疑问，在最初的一年里有些人企图给我服精神砒霜，我是指那些很糟糕的主意和计划。"

　　郭士纳告诉下属："你必须准备迎接变化，并且必须有紧迫感，愿意在必要时马上做出改变，否则在90年代迅猛变化的计算机产业中就不可能跟上潮流并取得成功。"

　　郭士纳把紧迫感带回了这个曾把勇敢进取等同于耻辱的公司。旧的IBM文化不屑于过多谈论竞争，太爱出风头是不合适的。美国司法部曾试图削弱IBM对计算机行业的所谓垄断，鉴于公司曾为此与司法部有过冲突，IBM不鼓励员工像垄断者一样思考，不要像出名的600磅大猩猩一样排挤别人。它的销售队伍被告知不要贬低竞争对手，不要引起政府注意，等等。但郭士纳要看到的是一个完全不同的IBM。他希望员工重新富有竞争意识，他希望员工都想着去赢。IBM失去了一笔生意，就像他自己也失去了生意一样。他希望公司的每个人都会这么想。

　　紧迫是郭士纳的口头禅。他不只希望变化，还希望变得快点。为实现这个想法，他一边迫使员工重新考虑业绩，重新考虑他们如何把产品推向市场，一边让员工知道他们的工作不是板上钉钉的；同时，营造一种更随意、更民主的氛围，以往保守谨慎的思维方式已被摒弃，冒险和进取的做法受到热烈欢迎。为了强调这些做法的重要性，郭士纳把主管人员的薪水的优先认股权与IBM的整体业绩紧密挂钩，迫使经理们紧紧盯住自己的业务。至于上层管理人员，他要求他们按一个固定的比例持有股票。IBM总部执行委员会成员持股量为年基本工资和奖金的3倍；其他地区的管理委员会成员为2倍；高级管理层持股量等同于其年基本工资和奖金。郭士纳给自己定了更高的股权要求，他必须持有自己年基本工资和奖金4倍的股票。对非管理人员没有相应的股权要求，而是使他们享有股票优先认股权，在过去只有高级管理人员才享有这些优先认股权。

我们曾见过管理者自己忙得焦头烂额而下属却优哉游哉的场面，这样的管理者非但没能让员工产生紧迫感，还把自己陷入了日常琐事的怪圈。不妨学习一下郭士纳的管理方法，刚柔相济，让员工产生一种积极健康的紧迫感。

过松过紧都不是常态

在管理实践中如果片面地理解和运用"松紧有度"，难免会像盲人摸象一样有失偏颇。那么，通过一个什么样的渠道把二者有机地结合在一起呢？答案是协调，只要掌握了正确的协调方式，就能达到松紧平衡的管理新境界。

从整个协调体系来讲，有的是通过权责和制度来协调的，比如上下左右权责范围的划分、责任制度和事务配合；有的是通过计划来协调的，比如部门之间的生产期量协作；有的是通过领导的活动来协调的，如指挥、调度、现场办公等。

协调解决各种矛盾和问题，协调产生效率，有的管理学者也把协调归纳为管理职能之一，理应受到管理者的重视。

企业内部的协调大致分成两类。

第一，垂直方向——处理好上下级关系。主要的协调内容包括：组织授权不合理，上下权责不清；下级不尊重上级职权，有越权行事、不服从行为；上级擅自干涉和干扰下级工作；上下级缺乏有效的沟通和理解；上级的不当指挥；上下级个人因素造成的问题（工作思路、习惯、作风等）。协调的一般方法包括：组织协调。理顺组织关系，合理分工授权，明确上下权责范围；加强信息交流。广泛开展各种形式的交流、访谈、座谈；企业形成良好的工作氛围和团结一致的合作愿望；提高上下级的素质；上级的指挥要减少失误；建立明确的管理制度和责任制度。

第二，水平方向——部门之间、岗位之间、生产经营的各个环节之间，是企业协调最大量的工作，也是一个难点。因为上下级之间的矛盾往往可以通过行政手段解决，上级手中的权力可以起很大的作用，而同级之间的问题要复杂得多。协调的内容（问题和矛盾所在）包括：机构不健全，职能上存在漏洞——例如"三不管"，往往会引起推托和争抢；分工不明、职责不清，好事争抢、难事推托；机构臃肿，职位、职能重叠，人浮于事；任务苦乐不均；奖惩不明；部门利益冲突；本位主义；侵犯同级职权；个人因素；缺乏信息沟通，各行其是；供、产、销，各环节的标准、期量、工序之间的衔接不平衡。协调方法包括：组织调整——队伍精干，精兵简政，健全机构，明确权责；制度协调——健全各项管理制度，落实责任制度；科学计划——资源调整、任务分配、期量衔接等；加强教育，提高素质；加强信息沟通；营造团结一致、相互协作的工作氛围。

协调工作的形式多种多样，管理者主要需要了解如下几种。

第一，会议协调。为了保证企业内外各不相同的部门之间，在技术力量、财政力量、贸易力量等方面达到平衡，保证企业的统一领导和力量的集中，使各部门在统一目标下自觉合作，必须经常开好各类协调会议，这也是发挥集体力量、鼓舞士气的一种重要方法。

会议的类型有以下几种：1. 信息交流会议。这是一种典型的专业人员的会议，通过交流各个不同部门的工作状况和业务信息，使大家减少会后在工作之间可能发生的问题。2. 表明态度会议。这是一种商讨、决定问题的会议。与会者对上级决定的政策、方案、规划和下达的任务，表明态度、感觉和意见，对以往类似问题执行中的经验、教训提出意见，这种会议对于增进上下级之间感情、密切关系起到重要作用。3. 解决问题会议。这是会同有关人员共同讨论解决某项专题的会议。目的是使与会人员能够统一思想，共同协商解决问题。4. 培训会议。旨在传达指令并增进了解，从事训练，并对即将执行的政策、计划、方案、程序进行解释。这是动员发动和统一行动的会议。

第二，现场协调。这是一种快速有效的协调方式。把有关人员带到问题的现场，请当事人自己讲述产生问题的原因和解决问题的办法。同时，允许有关部门提要求，使当事人有一种"压力感"，感到自己部门确实没有做好工作。使其他部门也愿意"帮一把"，或出些点子，这样有利于统一认识，使问题尽快解决。对于一些"扯皮太久"、群众意见大的问题，就可以采取现场协调方式来解决问题。

第三，结构协调。就是通过调整组织机构、完善职责分工等办法进行协调。对待那些处于部门与部门之间、单位与单位之间的"结合部"问题，以及诸如由于分工不清、职责不明所造成的问题，应当采取结构协调的措施。"结合部"的问题可以分为两种：一种是"协同型"问题，这是一种"三不管"的问题，就是有关的各部门都有责任，又都无全部责任，需要有关部门通过分工和协作关系的明确共同努力完成；另一种是"传递型"问题，它需要协调上下工序和管理业务流程中的业务衔接问题，可以通过把问题划给联系最密切的部门去解决，并相应扩大其职权范围。

可以这样说，只要善于协调，从上对下的管理通道就不会堵塞，松与紧的结合通道也不会堵塞。

这里有几个方面的问题需要注意。

一是预防为主，预防与解决问题相结合。有水平的管理者应该有战略眼光，善于分析和推测未来，对可能发生问题和矛盾的环节，采取先期的预防措施，尽可能避免，或者准备好补救措施。二是把问题消灭在萌芽状态。有的问题，一旦出现苗头，就应该及时解决，防止问题恶化，最大限度减少损失。三是从根本因素入手。既要治标更要治本，防止不断引发不同的问题或是重复出现同一问题，例如从组织设计、管理体制、管理制度、员工素质等原因引起的问题。四是善于弹钢琴、抓关键。细小烦琐的事情可以不必去理会，或是交给下级解决，自己集中精力抓大事，解决重大问题。一般以下问题应引起足够重视：影响全局的问题、危害重大的问题、后果严重的问题、单位中代表性的典型问题、根源性的问题、群众意见大的问题等。五是创造性地开拓新方法。

总之，管理中不会运用协调的力量是不行的，因为通过协调，可以把过紧的地方放松一些，又可以把过松的地方变紧一点，在松与紧的平衡之间达到理想的管理效果。

先找症结，不要急于出手

管理者要坐稳位置，达到令出有所从，有时候必不可少地要采用强硬的手段。有过不诛则恶不惧，然而，诛恶必须抓住症结，该等的时候就要不动声色，等找到症结的时候再出手。

魏文侯任命西门豹做邺都（在河南省）太守。西门豹上任后，见闾里萧条，人丁很少，便召当地的父老来询问民间有什么疾苦，弄成这般！父老异口同声说最苦就是河伯娶媳妇了。

"奇怪！奇怪！河伯又怎能娶媳妇呢？"西门豹惊讶地说，"其中必定有袖里乾坤，说给我听吧！"

其中一位说："漳水自漳岭而来，由沙城而东，经过邺都，是为漳。河伯就是漳河之神，传闻这个神爱好美女，每年要奉献一个女子给他，就可保雨水调匀，年丰岁稔；不然的话，河神一怒，必致河水泛滥，漂溺人家。"

西门豹问："究竟是谁搞的花样？"

"是那一班神棍搞的。这一带经常闹天灾，人民甚苦，对于这件事又不敢不从。每年那班神棍串通一班土豪及衙役，乘机赋科民间几百万，除少许作为河伯娶媳妇费用外，其余便二一添作五，分入私囊去了。"

"老百姓任其苛敛，难道一句话也不说？"

"唉!"父老说,"试问在公势与私势的夹迫之下,谁敢说半个不字!何况他们打着为百姓服务的官腔。每当初春下种的时候,那班主事神棍及乡绅人等,便到处去寻访女子,见有几分姿色的,便说此女可以做河伯夫人了。有父母不愿意的,便多出些钱,叫去找另一个;没有钱的唯有把女孩送上。这样,神棍便领这女孩到河边的'行宫'住下来。沐浴更衣,然后择一吉日,把女孩打扮一番,放在一条草垫上,浮在河里,漂流了一会儿女孩便自行沉下去做河伯夫人。这样一来,凡有女孩的人家都纷纷迁徙逃避,所以城里的人越来越少。"

西门豹一边听,一边眉头越皱越紧,问:"这里的水灾情况怎样?"

"还好,自从年年进贡了河伯夫人之后,没有发生过漂家荡产的大水灾。但毕竟本处地势高,有地方没有水源,没有水灾,可又有旱灾之苦!"

"好吧!"最后西门豹说,"既然河伯这么有灵,当娶新夫人的时候,请来告诉我去观观礼!"

到时,那几位父老果然来告诉西门豹,说本年度的新夫人已选出,定期行礼了。

这是一个隆重的日子,西门豹特意穿起官袍礼服,命令全城官绅民等参加。远近百姓闻讯从四乡跑来看热闹,河边聚集了几千人,盛况空前。

一位"媒人"乡绅,把主事的大巫拥过来了。西门豹一看,原来是一个老女巫,一副了不起的傲态。她后面跟着20多位女弟子,衣冠楚楚,捧着巾栉炉香,侍候在左右。

西门豹开口问："请把那位河伯夫人带过来给本官看看好不好？"

老巫不说话，示意弟子去把河伯夫人带来。

西门豹很认真地审这名未来的河伯夫人，见她鲜衣素面，不见得怎样漂亮，而且愁容满面的，便对老巫及左右的官绅弟子说：

"河伯是位显赫的贵神，娶妇必定是位绝色的女子才相称。我看这位女子，丑陋得很，不配做河伯夫人。现请大巫先去报告河伯，说本官再给他找一位漂亮的夫人，然后改期奉献给他。"

他一声令下，叫左右卫士把老巫丢下河里去。左右的人大惊失色，西门豹若无其事地静立等候。

一会儿，他又说："老妇人做事太没劲了，去报信这么久还不见回来，还是派一位能干的弟子走走吧！"

他随即令卫士把为首的一位女弟子抛下河去，不久又说："连弟子都不回话了，再叫一位去！"

连续抛了三个弟子下去，一个也没有回头。

"哦！是了。"西门豹还像演戏一样，说，"她们都是女流之辈，不会办事的，还是请一位能干绅士去吧！"

那绅士方欲恳求，西门豹却大喝一声："毋庸推搪，速去速回！"

卫士于是左牵右拉，不由分说，"咚"的一声，将绅士丢下河里去，溅起一阵水花。旁观者皆为吐舌，靠近的不敢出声，远站着的在交头接耳。

只见西门豹整衣正冠，向河里深深作揖叩头，恭敬等候。过了好一会儿，他又埋怨道："这位乡绅简直泄气之至，平日只晓得鱼

14

肉乡民，连这点小事都办不来，真是岂有此理！也罢，既然他年老不济事，你们这班年轻的给我走一走！"他顺手向那班衙役里头一指。

他们吓得面如土色，汗流浃背，一齐跪下去，叩头哀求，泪流满面，都像打摆子发冷一样。"且再等一会儿吧！"西门豹自言自语地说。

又过了一刻钟光景，西门豹感叹一声，对大家说："河水滔滔，去而不返，河伯安在？枉杀民间女子，你们要负起全部责任！"

"启禀大老爷！我们是被骗的，全是女巫指使！"众人异口同声地说。

西门豹正色斥责起来："好人又怎会跟坏人做坏事？今日姑且饶你们一次，给你们重新做人机会！""多谢大老爷！""可是，今朝主凶的神棍已死，以后再有说起河伯娶媳妇的事，即令其人做使，往河伯处报讯！"

他把这班助巫为虐之徒的财产没收，全部发还给老百姓。巫风邪说遂绝，逃避他乡的居民亦纷纷回故里安居。

这一段故事把西门豹诛恶的过程演绎得活灵活现，我们看到，作为一个刚到任的管理者，西门豹迅速找到问题的症结所在，对制造问题的"首恶"采取了严惩不贷的果断举措，效果立现。在日常的工作中，管理者面对诸多问题可能找不出头绪，这时候不要急于去采取措施，必须先静下心来，找到问题的症结所在，这样处理起来才能事半功倍。

判断准确，再"快刀斩乱麻"

管理者必须果断，一旦判断的基本信息已经具备，就要在准确判断之后立即决断，犹豫不得，该敲打的，一定不能手软；如果宽仁不断，则必受其乱。所谓当取则取，当舍则舍，就是这个道理。

某有限公司的总经理，私欲膨胀，在亲自负责销售工作的几年中，不仅大吃回扣，而且为把儿子安排到某单位上班，不惜动用业务款几十万元，慷慨地大送人情。在企业内部，他独断专行，重用亲信，压制打击不同意见者，排挤有水平、有能力的干部。致使企业生产失控，产品卖不出去而积压在仓库之中。这位总经理文过饰非，不仅对外哗众取宠，而且对上说大话、阿谀逢迎、推卸责任以嫁祸于人，在群众中影响极坏。企业几年之内，亏损数千万元之多。

公司人事调整之后，新换了一位董事长。这位董事长大学毕业，为人仁厚，也有水平和能力。由于在该公司中，那位总经理管了多年生产技术，而别人都不如他的资历老，所以董事会仍然用他担任公司总经理。

一开始，总经理热情积极，工作也着实抓了一些，也很讨董事长欢心。

但由于要改变公司经营状况，势必要涉及过去的遗留问题，因此，可以推想，管理工作是难以理顺的。而且总经理本性难改，旧的思想意识和工作作风很快又在经营管理活动中体现出来了。

董事长勤于公司事务，当然很快就有所察觉。但他只是采取私下交换意见的方式，同总经理讨论分析。这样帮助的结果，他又觉得总经理的作为可以理解，而别人对总经理的不满意见是极有成见的反映。于是，他就开始了长达几个月的会上和会下的协调。但是，公司经营却不见起色，注入的几千万元资金快用光了，生产和市场状况依然未见实质性的好转。

董事长在上任之前，曾专门请了一位顾问。按这位顾问的计划，首先要确立公司新的发展战略；其次培训管理干部，统一思想认识，提高士气，振奋精神；再次，调整机构，健全企业运行机制，完善有关规章制度；最后，即董事长任职后约 6 个月的时候，实质性地调整人事和干部队伍，主要是中上层管理干部。该计划是从企业的历史和现状出发的。

由于总经理的所作所为，到了董事长任职 3 个半月的时候，尽管公司正忙于理顺机制和健全规章制度，可那位顾问已经沉不住气了，在深入调查研究之后，明确地向董事长建议，换掉总经理。

作为一个企业顾问，提出这样的建议，本身就是慎而又慎的事情，可见事情的严重性。董事长同意顾问提出的所有问题和所有分析，但就在"换掉总经理"的决断问题上下不了决心。

董事长对顾问说过这样一段很动感情的话："你看他（指总经理）熬了一辈子，好不容易才熬到这个地位上。如果把他撤掉，他这一生就前功尽弃了。这对他是个很大的打击，咱们也不忍心那样去做。你看他都 58 岁了，还有两年就退休了，还是等两年吧，也

17

让他画上一个圆满的句号。"

董事长的这番话，说得何等动人。他的心真的太仁慈了！

然而，由于企业经营迅速滑坡而不见起色，董事长被母公司撤掉了，为此他也失去了在母公司上层领导眼里的地位。

奇怪但又不奇怪的是，在董事长受到母公司上层批评的过程中，那位总经理上蹿下跳，大说董事长的坏话，把一切责任全推到了倒霉的董事长身上。

当然，那位心术不正的总经理也没有能逃脱失落的命运。在离他退休还有一年半时，也灰溜溜地被换掉了。

这个案例表明，判断虽然是果断的起点，但判断正确仍然取代不了决断的英明。这里一个很重要的问题，就是管理者的心理状态和观念。那位董事长有判断力，但由于宽仁之心在作怪，该采取行动的时候却犹豫不决，以致姑息养奸，养虎遗患。

挑战秩序者，要严惩不贷

无论什么时候、什么单位都有少数的"刺头"式员工，他们不服从管理、我行我素，有的还以敢与领导对抗而自鸣得意。对这样的人，管理者要敢下狠手，必要时须当机立断、严惩不贷。

日本伊藤洋货行的总经理岸信一雄是个经营奇才，但他居功自傲，不守纪律，屡教不改，董事长伊藤雅俊最终下决心将其解雇，惩一儆百，维护了企业的秩序和纪律。

业绩赫赫的岸信一雄突然被解雇，在日本商界引起了不小的震动，舆论界也以轻蔑尖刻的口气批评伊藤。

人们都为岸信一雄打抱不平，指责伊藤过河拆桥，将三顾茅庐请来的岸信一雄给解雇，是因为他的东西全部被榨光了，已没有利用价值了。

在舆论的猛烈攻击下，伊藤雅俊却理直气壮地反驳道："秩序和纪律是我的企业的生命，也是我管理下属的法宝，不守纪律的人一定要从重处理，不管他是什么人，为企业作过多大贡献，即使会因此降低战斗力也在所不惜。"

岸信一雄是由"东食公司"跳槽到伊藤洋货行的。伊藤洋货行以经营衣料买卖起家，所以食品部门比较弱，因此，伊藤才会从"东食公司"挖来一雄。"东食"是三井企业的食品公司，一雄对食品业的经营有比较丰富的经验和较强的能力。有干劲的一雄来到伊藤洋货行，宛如给伊藤洋货行注入了一剂催化剂。

事实上，一雄的表现也相当好，贡献很大，10年间将业绩提高数十倍，使得伊藤洋货行的食品部门呈现出一片蓬勃的景象。

从一开始，伊藤和一雄在工作态度和对经营销售方面的观念即呈现出极大的不同，随着岁月的流逝，他们之间的裂痕愈来愈深。一雄非常重视对外开拓，常多用交际费，对下属也放任自流，这和伊藤的管理方式迥然不同。

伊藤是走传统保守的路线，一切以顾客为先，不太与批发商、零售商们交际、应酬，对下属的要求十分严格，要他们彻底发挥自己的能力，以严密的组织作为经营的基础。伊藤当然无法接受一雄

别做管理上的极端派

第一章

19

的豪放粗犷的做法，因此要求一雄改善工作方法，按照伊藤洋货行的经营方式去做。

但是一雄根本不加以理会，依然按照自己的方法去做，而且业绩依然达到了水准以上，甚至有飞跃性的成长。充满自信的一雄，就更不肯修正自己的做法了。他居然还明目张胆地说："一切都这么好，说明这路线没错，为什么要改？"

为此，双方的意见分歧愈来愈严重，终于到了不可调合的地步，伊藤看出一雄不会与他合作，于是干脆痛下杀手把他解雇了。

对于最重视纪律、秩序的伊藤而言，食品部门的业绩虽然持续上升，但是，他却无法容忍"治外权"如此持续下去，因为这样会毁掉过去辛苦建立的企业体制和经营基础。

领导者对害群之马的管理要坚决，不能拖泥带水，必要时不妨采取威迫术。

1. 明确威胁手段的缺点。威胁手段的缺点就在于能积累不安与不满，无法发泄的不安与不满的感觉不断累积，会形成无法控制的力量而爆发出来，事态至此将无法收拾。

2. 以平时稳妥统御为主。这种威胁手段说到底是一种权宜之计，是迫不得已时才采用的应付危机的手段，因此，平时则要用良性的统御方式，尽量减少危机的积累以及最后爆发。

3. 采取威胁手段之后，立刻采用应对的政策和手段。总之，威迫也好、严惩也好，都要采取适当的手段让害群之马不要抱有侥幸心理，从而把整个局面纳入到正确的管理轨道上来。

居功自傲者，要恩威并施

在单位里，有些下属业绩好、功劳大、资格老，属于单位的功臣，因此他们可能会表现得盛气凌人，不可一世，有时候甚至不把领导放在眼里，一些言辞之间不经意触动了管理者的威严。对待这种下属，管理者需要肯定他的成绩，适当安抚迁就，但也不能一忍再忍，一让再让，否则，他可能会忘乎所以，给企业带来不必要的麻烦。

我们熟知的唐太宗李世民在管理这类下属方面有其独到的做法。

尉迟敬德跟随李世民打天下，战功赫赫，但他倚仗自己有功，便骄傲放纵自己，经常盛气凌人，招致同僚们不满。曾有人告他谋反，唐太宗倒不轻信，找来问询是否当真。敬德说："臣随陛下讨伐四方，身经百战。如今幸存者，只有那些刀箭底下逃出来的人。天下已经平定，臣子会谋反吗？"说着把衣服脱下扔在地上，露出身上的累累伤痕。唐太宗李世民只得好言好语安慰敬德一番。

但尉迟敬德骄纵成性，本性难改。一次太宗大宴群臣，尉迟敬德和在座的人较短长，争论谁是长者，一时性起，竟然殴打了白城王李道宗，弄瞎了道宗的一只眼睛。皇上见敬德如此放肆，十分不悦而罢宴。随后唐太宗对敬德说："我要和你们同享富贵，而你却居功自傲，多次犯法。你可知古时韩信、彭越为何被杀？那并不是汉高祖的罪过。"尉迟敬德这才有些惧怕，从此以后，行为才有所收敛。

像尉迟敬德这样骄横却又正直的人，必须施之以恩，使其感动，但同时必须抓住其弱点，给予适当的恫吓，起到威慑的作用。对于唐太宗李世民驯服悍臣尉迟敬德之事，有诗叹曰："居功悍将气凌人，明主恩威驯莽臣。巧借韩彭喻今古，尉迟醒梦汗淋淋。"

在企业中，特别是刚上任的管理者，他们经常会面对一些员工中的元老分子的挑战。对待他们，管理者需要做到恩威并施，根据其性情因势利导。有些员工只是有点骄傲而已，在管理者的恩威并施下，他们会很快明白自己犯的错误。但有些员工则是目无领导，总是挑战管理者，对于这样的强硬分子，管理者更需要一些果断的手段。

不能容忍犯错的上司不合格

许多管理者对待犯了错误的下属，不是将其调走，就是降职使用，或是不再给予重要性的任务。其实，下属犯了错误，最痛苦的是其自身，应该给其改正错误的机会。

美孚石油公司有一位部门经理，由于在一笔生意中判断错误，使公司损失了几百万美元。公司上下都认为这个经理肯定会被炒鱿鱼，这位经理也做好了被炒的准备。他去见洛克菲勒，检讨了错误并要求辞职。而洛克菲勒却平淡地说："开除了你，这几百万学费不是白交了。"此后，这位经理在工作中为公司创造了巨大的经济效益。

按理说，这位经理造成了这么大的损失，开除也不为过，至少在某些管理者那里一定会被电闪雷鸣地大加训斥一顿。有些管理者喜欢"痛打落水狗"，下属越是认错，他咆哮得越是厉害。他心里是这样想的："我说的话，你不放在心上，出了事你倒来认错，不行，我不能放过你。"

这样做会是什么结果呢？一种可能是被骂之人垂头丧气；另一种可能则是被骂之人忍无可忍，勃然大怒，重新"翻案"，大闹一场而去。这时候，挨骂下属的心情基本上都是一样的，就是认为"我已经认了错，你还抓住我不放，实在太过分了"。

美国人鲍勃·胡佛是个有名的试飞驾驶员，时常表演空中特技。一次，他从圣地亚哥表演完后，准备飞回洛杉矶。倒霉的是飞行时，刚好有两个引擎同时出现故障，幸亏他反应灵敏，控制得当，飞机才得以降落。虽然无人员伤亡，飞机却已面目全非。

胡佛在紧急降落以后，第一个工作就是检查飞机用油。不出所料，那架第二次世界大战时的螺旋桨飞机，装的是喷气机用油。回到机场，胡佛见到那位负责保养的机械工。年轻的机械工早已为自己犯下的错误而痛苦不堪，眼泪沿着面颊流下。你可以想象胡佛当时的愤怒，一定会对这个机械工大发雷霆，痛责一番。

然而，胡佛并没有责备那个机械员工，只是伸出手臂，抱了抱员工的肩膀说："为了证明你不会再犯错，我要你明天帮我修护我的F-51飞机。"世上没有十全十美的人，没有谁能保证一辈子都不做错事。因此，对待有过错的人才要有宽容的胸襟，不要因为对他们的期望高而求全责备。

其实，你放手让优秀人才去做的事情都是比较重要的，相对而言也比较容易出现闪失，因此，你应当以一颗平常心去对待有可能出现的过错。对于那些过错，你应当对各种情况进行分析，在此基础上去理解和原谅员工。你应当明白，优秀人才都会犯错，别的人，包括你自己恐怕也难以避免。因此，就算是因为对方个人的原因而出现问题，你也要采取一种宽容的态度，毕竟不能因为一次过错就否定整个人。

对有过错的员工进行大胆地使用，常会收到一石三鸟的用人效果：一能使其更加感激领导的尊重和信任；二能使其痛悔自己的过错；三能使其拼命工作，以便将功补过。实践表明，有过错的人往往比有功劳的人更容易接受困难的工作。使用有过错的人实际上就是对他的一种强大的激励，可以使其一跃而起，创造出令人"刮目"的成绩。

同时，对于有过错的人才而言，他们最需要的就是获得重新证明其价值和展示其才华的机会，尤其是当他们因过错而受到同事的歧视冷落后，这种愿望就更为迫切。因此，领导者一旦提供这样的机会，他们就会迸发出超乎平常的热情和干劲，付出几倍，甚至几十倍的努力去完成常人难以完成的任务。

别太精明，适当糊涂很有必要

所谓糊涂，它的实质不过就是认识到智慧也有它的局限。因而在某些场合放弃对智慧的依赖，而对事态的发展采取一种静观待变的态度，也叫"顺其自然"。我们所不能驾驭的、不能强求的，就不要去勉强。人不可避免有其自身的局限，重要的是，要认识这种局限，承认你有所不能。然后，在你力所能及的范围里，你就无所不能了。所以，换个角度来看，糊涂是大智慧，不是混日子。

虽然如此，人也不可时时糊涂，事事糊涂。糊涂和精明一样，隐忍退让和竞争进取一样，有它的作用，也有它的局限。过分的精明，是没有认识到自身的局限；过分的糊涂，是没有意识到自身的价值。积极竞争进取，难免不伤及左右；一味隐忍退让，又无端受人欺侮。所以，糊涂也应该有糊涂的原则。

1. 该糊涂的时候糊涂，不该糊涂的时候别糊涂。事关民众利益、个人气节的时候不应该糊涂；在损己害人，误事危身的时候，也不能糊涂。相反，如果只是关乎个人的利益、个人的荣辱，那么就无须锱铢必较、寸土必争、针锋相对。此时，宁可糊涂一点，忍让一点，放人一马，留一点余地。

2. 装糊涂要像。装糊涂并不是一种卑鄙或伪善。管理者一定要明白，糊涂不是愚蠢，而是一种智慧的运用。这种智慧是经过长期的养成、反复的自省、丰厚的积淀、勤奋的学习和刻苦的磨炼，而后才能获得的。有了这种智慧，才能大智若愚、大巧若拙。装糊涂并不是真的糊涂，而是在心静如水、明察秋毫的基础上所做出的一种明智的选择，是智慧的表现。这种糊涂是做出来的，是精心去追求，刻意达成的。这里所谓做出来，并非给人以欺骗，而是让人能够放心接受，坦然不疑。如果装得不像，那么难免露出形迹，仿佛居心叵测，令人望而生疑，避之唯恐不及。

3. 好学不辍，大事不糊涂。糊涂既是基于对自身局限的一种认识，又有其不得已的成分。一个人纵使天降大任，天纵奇才，也不可能免除他的局限，因而也就难免糊涂。知道自己难免糊涂而不过分依赖自己的智能，固然是一种明智的表现，但是，不断加强学习以提高自己的认识水平，你就可以突破局限，少一些糊涂，特别是在不该糊涂的时候，就更能保持清醒的头脑。

为人处世，是精明一点好，还是糊涂一点好，各人有各人不同的答案。我们讲的糊涂并不是真的糊涂，而是大智若愚的技巧，避免一些弄巧成拙的尴尬。

作为管理者，有时糊涂一点，宽容一些，企业内部的亲和度就高。这样，企业就不单有了凝聚力、战斗力，还会有生命力，从而形成一个有机协调、不断成长的整体。

别做"老好人"式的主管

如果主管不懂批评的意义与作用，只一味地用宽容忍让的情感对待下属，其工作绩效无疑是问题成堆的。

一个主管不能总是个"老好人"，有时你必须进行必要的批评以加强纪律。如果做不到这一点，同样的过错，不管是什么，还会再次发生。除非你已经向整个组织表明你不在乎，对于他们的表现和行为，你都会接受。当然，如果你不在乎，就不能指望别人在乎了。

有些公司主管从来不对下属提出批评。下属工作做不好，他宁可自己去做，也不愿意指出他们的不足；下属犯了错误，他睁一只眼闭一只眼，装作没有看见；下属顶撞、反对、拒不执行上级的指示，他急得直打转，也不说一个字，等等。之所以如此，主要有以下几个原因。

第一，主管缺乏能力，或者是业务成绩不好，自己心里惭愧，不敢理直气壮地提出批评，怕下属有意见，在业务上比较，让自己觉得无能。因此，他只好极力迁就，甚至不惜逢迎、恭维他们，失掉了主管的身份。

第二，怕得罪人。这种人的性格比较软弱，怕下属不服气，顶撞自己，导致自己下不来台；怕被批评者有成见，对自己不利。他们的真实思想是"工作好坏是公司的，有了意见是自己的"，所以不求有功，但求相安无事、息事宁人。

第三，有些人出于好心，怕批评会伤害下属的自尊心，因此对下属只是欺哄。这种人属于"老奶奶"型，和蔼可亲，虽能和下属"和平共处"，但在下属内心缺乏足够的威信。这种作风往往助长了某些错误行为的泛滥。

第四，有些人是非不清，对下属工作的优劣好坏心中无数。下属的行为已发展到危害团体影响企业目标完成的程度，他仍视而不见，听而不闻，更不采取积极措施加以解决。也有人对下属偏听偏信，对他们的错误不能及时发现纠正。

如果缺点错误得不到及时制止和纠正，有缺点、错误的人就会自以为是、有恃无恐，继续坚持和发展下去。其他员工对此肯定看不惯，但因无能为力而产生压抑感，积极性受到挫伤。因此，员工对主管不仅不尊重，反而对他的姑息迁就产生不满，主管的威信越来越低。

第一章 别做管理上的极端派

从上述情况可以看出，作为一个组织领导者，如果不能正确地运用批评的手段来纠正下属的错误，便是没有尽到领导者的责任。从领导者的职能来看，不敢批评下属的人，其实是没有当领导者的资格的。从个人能力来说，身为组织领导者，必须具有批评下属的自信和勇气，具备发现、纠正下属的错误并使之能够积极向上的能力。只有具备这样的素质，才能取得工作上的高效率和高质量，才能保证达到组织的目标。

但是，我们也应该看到，批评是一种相当难以运用的领导艺术。批评就好像是在别人身上动手术，出了偏差就会伤人。作为企业领导者，就像医生一样，由于职务上的需要，不要因为批评难就不批评，而要努力地研究这门艺术，使之发挥卓有成效的作用。

正确地使用批评，抱着真诚真意的态度去批评，从理解下属的想法出发去批评，批评就能起到其他方式不能起到的作用，组织内部不但不会有冲突，反而会出现真正的和谐。

第二章
别混淆了选人的标准

韩愈说,千里马常有,而伯乐不常有。但是在实际工作中,企业的管理者经常会感叹人才难求,有时候你以为自己招到了一匹千里马,但工作一段时间,才发现他却是一匹不合格的马。每年这么多的求职者,里面肯定不乏真正的千里马,但企业却招不到合适的人,这其实是管理者的选人标准出了问题。回想一下,作为管理者,你是否过分看重文凭而忽视能力,你是否先入为主,对应聘者产生偏见……

人才需要用心去发掘

发掘人才是企业寻找人力资源的重要途径，管理者有时却不关注这一点。发掘不了人才，就等于不能使用人才，就等于浪费人才。有时候，企业或办公室有一个重要的职务，但却找不到具备这项专长的合适人选，这时，作为管理者，你就要主动在下属中发掘可以胜任的人才。

企业的生命在于人力，而最大的人力来源于领导有效地发现所有下属的才智，使其各尽所能。但是由于有些管理者经常使用自己信得过的下属，而疏远那些尚待发现的人才，致使某些工作难以展开。管理者甚至可能听到这种话："我没有能力完成这项工作，因为我缺乏管理者方面的才能。"

有些下属，基于先入为主的观念，不喜欢新的挑战，而常会说出这种自暴自弃的话。问他原因，他就会说："公司领导从来就不让我独立地完成一些重要工作，我只是随着别的有才能的人做这做那，充当手下而已。而我的才能，从来就没有被发现过，也从来就没有验证过，所以我失去了挑战自我的信心。"

其实，这不足以构成理由，但是说明了人才需要发掘的道理。假如企业管理者不会发掘人才，便是一种盲目管理。那么怎样避免这种现象的发生呢？

第一，管理者要先了解下属的优点、特长，考虑如何能使他发挥最大的才能。

企业管理者应该敏锐地发现下属潜在的才能，并且不灰心、不气馁地帮助他发展才能。如果具备了这样的精神，或许别人认为平凡或一般水平以下的人，也有可能产生非凡的能力，这是多数人预料不到的。因此，做管理者的，一定要认真进行这项努力。

即使不能达到预期的效果也无妨，最起码和过去相比较，很显然他会有所进步，而这种成长的过程，对他个人来说，是一种精神上的财产；对身为管理者的人而言，也是一种莫大的喜悦。

某大公司的人事管理者，向来以擅长发掘人才闻名，他说："人的性格是表里合一的，外在行事大胆，个性就暴躁易怒；而表面细腻紧密，内在就很神经质。我在任用下属时，就观察他表面的长处，尽可能发掘其长处，而包容其短处，因为短处往往也可反过来成为长处。"

第二，企业管理者要发现人才，必须根据所做工作的特性来寻找合适的人选。管理者可以先多挑选几个人，然后再从不同的方面加以精选；或者组成一个协作团体，使他们的才能组合起来，构成整体，从而符合"三个臭皮匠，胜过一个诸葛亮"的用人原则。这就是说，发现人才实际上是对下属工作能力的评估过程。

发掘人才，既需要眼光，也需要耐心，二者缺一不可。一个不善于发掘人才的企业管理者，只能埋没人才，给企业带来经济损失。因此，发掘人才是体现企业管理者眼力和能力的标志之一，不应漠视。

一位合格的现代企业管理者必须懂得取长补短、以长制短的用人原则，而力戒长短不分、以短为长的盲目行为，这样才能发挥员工在企业中的位置和作用。

俗话说："尺有所短，寸有所长。"事实上，完美的人才是没有的，而这也正是对管理者才干的一个考验。一个不合格的管理者，只会用人之短，而不会用人之长；一个优秀的领导者，则会用人之长，而不会用人之短。后者的做法是管理者用人的重要原则。

善于管理的管理者应当知道下属的优点和缺点，并在适当的时候和恰当的位置上运用其人，这样就可以做到扬长避短了。在这里，我们先从性格出发，来分析下属的行为特征，从中分辨出下属的"长"与"短"，以便管理者用人时发挥出参考作用。

◆性格坚毅刚直的下属，长处在于能够矫正邪恶，不足之处在于喜欢激烈地攻击对方。

◆性格柔和宽厚的下属，长处在于能够宽容忍耐他人，不足之处在于经常优柔寡断。

◆性格强悍豪爽的下属，称得上忠肝义胆，却过于肆无忌惮。

◆性格精明慎重的下属，好处在于谦恭谨慎，却经常多疑。

◆性格强硬坚定的下属，起到稳固坚定的支撑作用，却过于专横固执。

◆善于论辩的下属，能够解释疑难问题，但性格过于漂浮不定。

◆乐于好施的下属，胸襟宽广，很有人缘，但交友太多，难免鱼龙混杂。

◆清高耿直、廉洁无私的下属，有着高尚坚定的情操，却过于拘谨约束。

◆行动果断、光明磊落的下属，勇于进取，却疏忽小事，不够精明。

◆冷静沉着、机警缜密的下属，善于探究小事，细致入微，动作却稍嫌迟滞缓慢。

◆性格外向的下属，可贵之处在于为人诚恳、心地善良；不足之处在于太过显露，没有内涵。

◆足智多谋，善于掩饰感情的下属，长处在于权术计谋。他们灵活机智，富有韬略，在下决断时又常常模棱两可，犹豫不决。

◆性格温柔和顺的下属，行事迟缓，缺乏决断。因此，这种人常常遵守常规，却不能执掌政权，解释疑难。

◆勇武强悍的下属，意气风发，勇敢果断，但他们从不认为强悍会造成毁坏与错误，视和顺忍耐为怯懦，更加任性妄为。

◆好学上进的下属，志向高远。他们不认为贪多骛得、好大喜功是缺点，却把沉着冷静看做是停滞不前，从而更加锐意进取。因此，这种人可以不断进取，却不甘心落后于人。

◆性格沉着冷静的下属做起事来深思熟虑，他们不觉得自己太过于冷静，以至于行动迟缓。因此，这种人可以深谋远虑，却难以及时把握机会。

◆性情质朴的下属，他们的心地痴顽直露，行事直爽。因此，这种人可以使人信赖他们，却难以去调停指挥，随机应变。

◆富有谋略、深藏不露的下属，善于随机应变，取悦于人。因此，这种人往往不易显露其真实的想法，常常表里不一。

以上18类仅仅是一个概括，不可能包括所有人，但是，其中已经大体表明这样一个基本道理：下属各有性格特征，皆有长短，关键在于管理者如何根据工作的特性去精心安排下属。一位下属的优点是企业管理者调控下属的核心，管理者的职责就是合理地搭配下属的优缺点，否则就是不称职的。

因此，善于发现下属的优点和缺点并扬长避短，是一位企业管理者不可忽视的用人之道。作为管理者，你不妨用归纳法逐个分析下属，分别找出他们的长处和短处，使其各有所用。

看国外公司的选人标准

用人的前提是选人。现代企业的竞争，实质上是人才的竞争。企业要想成就一番事业，先得从人才的选择入手，须知，"选好人才能用好才"。

微软公司就以其严格的选才制度闻名于世。在微软公司成立初期，比尔·盖茨、保罗·艾伦以及其他的高级技术人员亲自对每一位候选人进行面试。现在，微软用同样的方法招聘程序经理、软件开发员、测试工程师、产品经理、客户支持工程师和用户培训人员。为了招聘人才，微软公司每年大约要走访50所美国高校。招聘人员既关注名牌大学，同时也留心地方院校以及国外的高校。1991年，为了雇佣2000名职员，微软公司人事部人员走访了137所大学，查阅了2万份履历，对7400人进行了面试。在进入微软公司工作之前，大学生在校园内就要经过反复的考核。他们要花费一天的时间，接受至少 4 位来自不同部门职员的面试。而且在下一轮面试开始之前，前面一位主试人会把应聘者的详细情况和自己的建议通过电子邮件传给下一位主试人，有希望的候选人还要到微软总部进行复试。通过这些手段，微软公司网罗了许多在技术、市场和管理方面的青年才俊，也因此在各大高校中树立了良好的形象、赢得了良好的声誉。

微软公司总部的面试工作全部由产品职能部门的职员承担：开发员负责招收开发员，测试员负责招收测试员，诸如此类。面试交谈的目的在于抽象地判定一个人的智力水平，而不仅仅看候选人知道多少编码或测试的知识或者有没有市场营销等特殊专长。

微软面试中有不少有名的问题，比如，求职者会被问到美国有多少个加油站。其实，求职者无须说出具体的数字，只要联想到美国有 2.5 亿人口，每 4 个人拥有 1 辆汽车，每 500 辆汽车有 1 个加油站，他就能推算出美国大约有 12.5 万个加油站。当应聘者回答此类问题时，答案通常是不重要的，他们分析问题的方法和能力才是微软公司所看重的。

具体来说，总部的面试其实是通过"让各部门的专家自行定义其技能专长并负责人员招聘"的方法来进行的。比如说，程序部门中经验丰富的程序经理从以下两个方面来定义合格的程序经理人选：一方面，他们要完全热衷于软件产品的开发，一般应具有设计方面强烈的兴趣、熟练掌握计算机编程的专业知识；另一方面，他们能专心致志地自始至终关注产品制造的全过程，善于

35

从所有能够想到的方面考虑存在的问题，并且帮助别人从他们没有想到的角度来考虑问题。又比如，对于开发员的招聘，经验丰富的开发员不但要寻找那些操作熟练的语言程序员，还要求候选人既要具备一般的逻辑思维能力，又要能在巨大的工作压力下保持良好的工作状态。

微软公司还要求每一个面试者对每个候选人做一次彻底的面试，并写出一份详细优质的书面报告。这样一来，能通过最后筛选的人员的比例相对来说就比较低了。例如，在大学招收开发员时，微软通常仅选其中的10%～15%去复试，而最后仅雇佣复试人员的10%～15%，即从整体上讲，微软仅雇佣参加面试人员的2%～3%。

正是这样一套严格的筛选程序，使得微软集中了比世界上任何地方都要多的高级计算机人才。他们以其才智、技能和商业头脑闻名，是公司长足发展的原动力。

日本企业在选人方面也可谓费尽心机，因为他们懂得选人的重要意义：只有选得严格，才能用得准确，提高管理能力，从而收到预期的效果。

日本企业的员工，之所以工作积极性高涨，首先就在于企业选人有道。日本一家拉链厂为了选一个车间主任，厂领导先后同应聘的十余位候选人交谈，初步选中一个之后，又把他放在好几个科室去分阶段试用，试用合格后才最终留下来。

在选人时，管理者要全面考察一个人的德才学识。德才学识，是一个人的知识和技能统一的表现，在现代信息化的社会显得尤为重要。

日本住友银行在招考新行员时，总裁出了这样一道题："当住友银行与国家利益双方出现冲突时，你认为如何去办才恰当？"许多人答说："应该以住友的利益为重。"总裁的评语是："不能录用。"还有许多人回答说："应该以国家的利益为重。"总裁的评语是："答案合格，不足录取。"仅有少数人回答说："对于国家利益和住友利益不能兼顾的事，住友绝不染指。"总裁这才认可说："这几个人有远见卓识，可以录用。"

日本电产公司在招聘人才时标新立异。该公司招聘人才时主要测试以下 3 个方面：自信心测试、时间观念测试和工作责任心测试。

自信心测试的方法是让应聘者轮流朗诵、讲演、打电话，根据声音的大小、谈话风度、语言运用能力来考核。他们认为，只有声音洪亮、表达自如、信心百倍的人，才具有工作能力和领导能力。

时间观念的测试方法是，在规定的应试时间内谁来得早就录取谁；另外，还要进行"用餐速度考试"。比如，通知面试后选出的 60 名应聘者在某日进行正式考试，并说公司将在 12 点请各位吃午饭。考试前一天，主考官用最快的速度吃了一份生硬的饭菜，计算一下时间，他大概用 5 分钟吃完，于是和其他考官商定：在 10 分钟内吃完的复试者就算及格。次日 12 点，主考官向复试者宣布："正式考试一点钟在隔壁房间进行，请大家慢慢用餐，不必着急。"结果，复试者中吃饭速度最快的人不到 3 分钟就吃完那份生硬的饭菜。在 10 分钟之内，已有 33 人吃完了饭菜。于是，公司将这 33 人全部录取了。后来，他们大多成为公司的优秀人才。

责任心测试则是要求，新招的员工必须先扫一年的厕所，而且打扫时不能用抹布和刷子，必须全部用双手。结果，不愿干或敷衍塞责的人就被淘汰掉了，表里如一、诚实的人则被最后录用了。从质量管理的角度看，能够把别人看不到的地方打扫干净的人，往往不单单追求商品的外观和装潢，还能注意人们看不到的内部结构和细微部分，从而在提高产品质量上下工夫，养成不出废品的好习惯。这是一个优秀的质量管理者应该具备的美德。

日本电产公司正是采用了上述三招奇特的招聘术获得了适合自己的人才，使得公司生产的精密马达打入了国际市场，资本和销售额增长了几十倍。

从微软和几家日本公司的选才制度中我们可以看出，要选取适用的人才、充分发挥人才的作用，企业就必须根据自身的情况量身定做，通过各种途径招聘优秀人才。在招聘过程中，并不一定要遵循什么章法，但优秀的人才自然具备很多共有的出色能力，比如特别擅长某种技术工作等。找到了具备多种优秀品质、优秀能力的人，你也就网罗到了出色的人才，为合理使用这些人才打下了坚实的基础。

不要根据个人喜好选人

在识别和选拔人才问题上，是唯贤是举，还是唯亲是举，历来是事业兴旺与衰落的一个重要标志。以唯贤是举为原则，就会使从善者如流而来，大批人才拥到身边，事业就必然兴旺发达；如果以唯亲是举为原则，人们就会远离而去，一些奸佞好事之徒就会聚集左右，必然导致企业腐败衰落。

很多时候大家会认为，提拔一个员工往往是因为他与主管投缘，主管喜欢他的性格。比如主管是快刀斩乱麻的人，他就愿意提拔那些干脆利落的员工；主管是个十分稳当、凡事慢半拍的人，就乐意提拔性格审慎小心、谨慎万分的员工；主管是个心直口快的人，他就不提升那些说话婉转、讲策略的人；主管是爱出风头、讲排场、好面子的人，就不喜欢那些踏实和"迂"的人。

其实这可能是一个盲点。大多数情况下，主管普遍喜欢提拔性格温顺、老实听话的员工，对性格倔犟、独立意识较强的员工不感兴趣。但这样提升的结果，很可能会导致用人失当。被提拔者虽然很听话，投主管脾气，也"精明强干"，工作却推展不上去。而且这样压制了一些性格不合主管意愿而又有真才实学的人。

下属总有能力强和能力弱的，表现出来的形式就是工作成绩有大有小。毫无疑问，企业主管应选择其中的强者，要不然提拔起来的下属就会给自己带来一大堆麻烦，增加用人的难度。

提拔得当，可以产生积极的导向作用，培养向优秀员工看齐和积极向上的企业精神，激励全体员工的士气。因此，领导者在决定提拔员工时，要作最周详的考虑，以确保人选的合适。提升还应讲求原则，不能凭个人的喜好而滥用领导职权。

什么是提拔依据呢？一定要根据过去工作成绩的好坏，这是最重要的提拔依据，其余条件全是次要的。因为一个人在前一工作岗位上表现得好坏，是可以用来预测他将来表现的指标，这也是最公正的办法。这样做不但能杜众人之口，服众人之心，而且能堵住后门，避免员工间的钩心斗角。

这个道理虽然简单明了，可是许多人往往做不到，主要是有些领导者热衷于跟着感觉走，被表面现象欺骗，以致失去了判断力。

主管在提拔员工时，千万要记住，不管你喜欢他的个性也好，不喜欢也好，也不管他个性乖戾、孤僻也好，温顺柔和也好，都不必过多地考虑，要把注意力集中在他们以前的工作业绩上。谁的工作成绩好，谁就是提拔的候选人。

别把文凭当做唯一标准

教育对一个人的发展起着至关重要的作用，而文凭就是对人们所接受教育的一种认可。企业的发展需要人才，但对于人才的检验标准却是众说纷纭。很多企业特别看重应聘者的文凭，在他们眼中，名校出身的员工肯定要比一般院校出身的员工综合素质强、能力高。不少企业在进行校园招聘的时候，除了看专业，主要看的是文凭。因此，那些从名牌大学出来的人，很容易找到工作；而那些从藉藉无名的大学里出来的，想找到工作则不那么容易。

但是，文凭真的是检验人才的唯一标准吗？

刚从学校毕业的员工，往往容易犯同样的毛病，就是急于表现自己的才能。他们大都充满自信，重视效率，但却忽视检讨，缺乏处理工作的经验。

身为领导，你可能被他们的激情和冲劲所感染，也深信那一纸文凭是良好质量的保证。但管理阶层应牢记的是，不要尽信任何文凭。文凭可以作为录取与否的参考，但胜任与否却是日后的事。

文凭是教育生涯的总结，得到高分的学生学习能力强，但不代表动手操作能力强；文凭低的学生没有好好学习书本知识，但他可能把精力用在了自己的业余爱好上。人的综合素质包含很多，并不是一纸文凭能够囊括的。现实中，不少名牌大学毕业生急于表现自己，但却眼高手低，有的还自以为是天之骄子，对周围的同事甚至领导不尊重，这样的人怎么能成为好员工呢？

急于表现自己的人不只限于刚踏入社会的年轻人，也有工作经验较丰富的人。他们共同的特点是谋略不足，冲劲有余，容易因犯错而拖延了工作时间。但他们有一个优点，就是屡败屡试，不易被挫折摧毁。这时如果没有一位好经理带领和辅导他们，在工作过程中，他们往往容易出现混乱和错误。

对于过分急于表现个人才能的下属，不能用打击的方法对待，

41

反而应更多地表示欣赏，鼓励他们在某方面学习更多的知识；另一方面，应及时告诉他们在工作过程中，欠缺了什么。一般而言，他们多是欠缺完整的工作步骤和持久的耐性。

我们提倡领导用人不要迷信文凭，但有的企业领导却走向另一个极端，对文凭不屑一顾，这同样大错特错。文凭虽然不是一种保证，但却是一种参考。既然文凭只是参考，那么什么才是人才的保证呢？

简单地说，就是人才中的"才"字。"才"字代表了一个人的综合素质，只要这个人身上有某种特质适合现在这个工作，那么他就是人才。反之，即使这个人学历再高，但是对工作不上手不认真，那么他也不是适合的员工。

领导者要从事业的高度出发，重视、认真谨慎地挑选人才。如果将这件事情视为儿戏，把它看成是简单而容易的事，那么不但使事业受损，个人也将饱尝用人不当的苦果。

不要违背量才适用的原则

很多管理者在挑选人才的时候，希望自己的员工是全方面发展、样样精通的全才。但实际上，样样精通等于毫无专注点。任何人都有自己的长处，使用人才不要把着眼点放在"全才"上，而应该放在扬其所长上，实事求是地取长避短，先看长处，多采长处，使之"八仙过海，各显神通"，发挥长处，施展才干。

识人坚持量才适用的原则，要注意用人之长，避人之短。每个人才的具体情况往往不同，有的是通才，有的是多才，有的是专才；有的少年得志，有的大器晚成，等等。但是作为一种普遍现象，每个人才的长处与短处却是客观存在的。"一个人的长处里同时也包括某些缺点，短处里同时也含着某些优点。"例如，有的人才很有魄力，敢想敢干，但考虑问题往往不够周密，显得不够稳重；有的人才处事稳重，深思熟虑，却往往又魄力不足；有的人才原则性强，但工作方法却可能欠灵活，等等。我们要用辩证的观点来看待一个人才的长处和短处，在看到一个人才的短处的时候，需要再分析一下，与短处联系的会有些什么长处；在看到他的长处的时候，也要分析一下，与长处相联系的还可能有什么短处。在某种情况下，扬长能够避短，避短必须扬长，扬长与避短之间不是孤立的或平行的，而是交叉融合在一起的。

人才，不是全知全能的完人，但各有特点和所长。有的善于做军事工作，有的善于做政治工作；有的精通某种专业，有的具备多方面的才干；有的懂专业但缺少组织领导能力，有的则二者兼而有之；有的适合当主管，有的适合做副职；有的长于带兵，有的则做机关工作更能发挥作用，等等。管理者的责任，就是按照他们这些不同的长处和特点，量才适用，为各类人才提供最能充分施展才能的机会和条件，力求人尽其才，才尽其用。

坚持量才适用的原则，就要正确处理好按需使用和量才使用的关系。即要"坚持人、事两宜的原则，用人得当，适得其所"。就是说，合理地使用人才，要从事业和工作的需要出发，同时又尽可能地照顾到个人的志趣和专长，把二者有机地结合起来。要相信任何人都有自己的闪光点，作为管理者，就需要找到这个闪光点，发挥员工的长处，做到量才适用。

别让你的偏见占了上风

别人可以在很多方面与我们不同，如家庭背景、教育程度、健康状况、思维方式、外表和衣着，这样的列举永无止境。依据我们个人的偏见，我们会发现有些差别要容易对付。因此，我们会倾向于把工作交给某一类人，而不给另一类人。这并不是依据他们的能力或是潜力，而是因为我们的偏见。

偏见，指对人或事物所持有的固定不变的看法，多指不好的看法。企业管理者如果仅仅通过某一件事或某一句话而对某个员工心存偏见，那么，无论对员工还是对企业，都极为不利。

心存偏见不利于充分利用人才。管理者对员工有偏见，一是因为员工没有做好某项工作，从而对该员工有了不好的看法；二是听了他人讲述某员工的负面行为，从而在潜意识里对该员工形成不良印象。以上两种情况的出现，极有可能造成"人不尽才"的结果，不利于提高管理的有效性。

因此，针对第一种情况，管理者应充分明白"尺有所短，寸有所长"的道理，认识到任何人都不可能是全才，不可能做什么事情都成功。针对第二种情况，管理者应牢记"兼听则明，偏信则暗"的道理，要从不同的角度考察、评价某个员工，切忌"软耳朵"。

心存偏见不利于人才的成长。企业之间的竞争，在很大程度上是人才的竞争。而人才的成长需要一个过程，即使是直接从外部引进的人才，也需要对企业有一个熟悉的过程，然后才能发光发热，贡献力量。因此，企业管理者要用发展的眼光看待人才，尤其是新引进的青年人才，他们总想尽快得到单位的认可，但是由于经验不足，容易犯错。此时，管理者切忌通过某一件事、某一句话而对其产生某种偏见。这样对人才的成长极为不利，要么会使他们对自己的前途感到无望，从而产生得过且过的想法，要么导致人才流失。人才没有畅通的成长渠道，最终受损失的还是企业。

心存偏见不利于企业凝聚力的形成。如果管理者对某个员工有偏见，就可能在潜意识里认为该员工所做的一切都是错的，从而对该员工的工作设置重重"关卡"。这样做不但会挫伤该员工的工作积极性，而且也容易产生"上行下效"的效应，使得其他员工也与该员工合不来，最终不利于企业凝聚力的形成。

如果你想要你的事业兴旺发达，那么，你就必须要意识到每个人的潜力。当员工被疏忽或不受重视的时候，他们很快就会注意到这一点，从而产生怨恨，而这种怨恨正是你在开始的时候没有把工作交给他的原因。这也正是你一定要打破的恶性循环。

首先，你要提醒自己差别的价值。如果我们都彼此相同，那么就没有学习，没有发展。有时候和"像我们的人"在一起的确很舒服，但是，如果我们事事皆在意料之中，也会感到一成不变的无聊乏味。

其次，更多地依靠你的判断，而不是你的直觉，去发掘这个人的世界，找出他的世界中有些什么。你最终甚至还会发现，原来你们还有许多共同点。

再次，发现这名员工身上所蕴藏的能为团队作出贡献的力量，或是潜在的力量，并找出运用这个力量的方法。

14 种人要慎用

有时主管求才心切，发现某人有一技之长，便不问其他委以重任。殊不知，有些人虽然学有所长，但由于自身的某一方面存在致命的弱点，有朝一日说不定会因此坏了企业的大事。所以，对这些人应量才而用，万万不可忽略其弱点，盲目地对他们加以重用。

1. 谄媚者不可重用

谄媚型的人深信，如果能迎合企业领导，就能步步高升。这种人毫无才干，且品质恶劣，道德观念差，意志薄弱。

2. 爱虚荣者不可重用

虚荣型的人渴望自己是富人和名人的知己。这种人喜欢自吹自擂，缺乏实干精神，只要一有机会，就会滔滔不绝地向别人述说他与某些有名望的人常有往来。实际上，他的所谓名人朋友可能根本不认识他；或者认识，也只知道他是个"牛皮大王"而已。尽管如此，这种人仍然会使出浑身的解数，使人相信他是块做经理的好材料。按照这种人的逻辑，他当了经理，有那么多名流朋友，还怕小企业没有后台吗？这种人没有什么真本事，只会信口开河，畅谈他的社交生涯。

3. 四平八稳者不可重用

四平八稳型的人处世轻松，满不在乎，心眼不坏，也有工作能力，但这种人在事业上四平八稳，处世哲学是"谁也不得罪"，他们可在短时间内赢得同事和下级的尊重。他们最主要的缺点是已经失去干劲，只是想谋取一个舒适的职位而已，根本不可能跟别人竞争。

4. 纸上谈兵的人

这种人似乎有谋划成功的大智慧，见识机敏，谈吐聪慧，评点前人功过滔滔不绝，心中如怀有奇谋状，但对事物形势判断能力差，不会见机行事。也正因为不曾体验过着手处理具体事物的方方面面的困难，他们常常轻易地否定别人的能力和功绩，一旦面临行动，就手足无措，看似英明果断实际是草率行动。他们缺乏的是在错综复杂的事态中正确清理思路、抓住关键的思考经验和理事能力，往往根据头脑中记得的同类事件来发布行动命令，根据经验办事，不善随机应变，只会生搬硬套，成为教条主义、本本主义者。

5. 自命不凡者不可重用

这种人根本无法容忍别人的一切举止、想法，对于这种自命不凡的人，各种"人际关系训练法"都治不好他们永远埋在心底的精神特质。把这种人一个个地互相隔离开来，乃是最好的解决方法，而且是唯一的解决方法。这种自命不凡的人对谁都看不起，觉得世上唯有自己最有能耐。

6. 权力欲强者不可重用

权力欲望过强的人浑身上下都散发着按捺不住的野心，时时刻刻念念不忘在别人面前显示自己的能力。这种人有能力，既然已经下定决心，一定要升到最高层的位置，不达到目的，誓不罢休。但这种人在工作中会为自己的野心不择手段，常常会败坏组织的正常工作秩序。

7. 投机者不可重用

投机型的人善于察言观色，把自己作为商品，谋求在"人才市场"上讨个好价钱，在工作上专好讨价还价。这些"市场探索者"都急于利用应招别家厂商，而对目前雇用他们的公司施加压力，以使该公司的领导给他以晋升或增加工资的机会；他们企图利用"被别家企业录用"这种名义，来加速他们在原公司的发展。这种诡计通常都能得逞，特别是当别家企业恰好是这种投机者受雇的原公司的竞争者时。

8. 勇力不足的人

这种人有大智慧，能策划大谋略，但终嫌行动魄力不够，遇事守成有余，闯劲不足，不敢冒险；善于按部就班处理事务，而不适宜解决突发事件，不具开拓精神。

9. 过度依赖的人

以公司为靠山，而不是将其作为工作场所；过度关心退休、年资和安定；喜欢做要求简单的工作；希望担任单一的工作角色；喜欢例行的、事务性的工作；不喜欢做决策；依靠别人来开展工作。

10. 缺乏自制力的人

容易沮丧；脾气善变；不能接受批评；人际关系差；由于恶劣的脾气导致意外事故；好色，好赌，烟酒无限量。

11. 想法天真的人

对工作和待遇的期望不切实际；高估自己升迁的能力；在以往工作中，往往表现出不良的判断力；做白日梦幻想成功，但不努力去追求；以幼稚的想法认定自己可以创造奇迹。

12. 不愿意担责任的人

对自我突破没有什么兴趣；没有兴趣发展个人的事业；喜欢推卸责任；不愿意出远门（包括出差）。

13. 表现欲过强的人

对众人注目的工作很有兴趣；追求自己成为注意力的中心；无法区别声名狼藉和真正的荣誉；过分讲究穿着；对所拥有的奢侈财物过分引以为荣；过分重视地位所象征的意义；过度喜欢辩论、表演。

14. 自私的人

从工作经历中可以看出其以自我为中心；对公司不忠；除非有人付钱，否则绝对不多做一点；孤独；喜欢操纵、利用人；过于关心地位和其所象征的权势；喜欢吹嘘；喜欢责怪他人；沽名钓誉。

管理者要警惕 "恶意推导"

魏延在《三国演义》中是一个让后人叹息的悲剧性人物，因为面相的问题，被 "精通星相" 的诸葛亮诬蔑为 "头上长有反骨，日后必反"，于是诸葛亮便在后来的很多战事安排中只是让魏延 "跑龙套"。这就为魏延从郁郁不得志到日后造反埋下了伏笔。这就像当今企业中有许多员工，稀里糊涂地被领导者看不顺眼，于是只被安排打杂一样。

当第六次攻打祁山失利之后，诸葛亮自感行将就木，于是紧急召集众将士，并当着大家的面将自己压箱底的绝活 "八卦阵法" 教给姜维，此时魏延也在一旁，对丞相的这手绝活，他当然更想学到手。因为他早已与司马懿交战多年，深知对方的禀性，如果这次能从丞相这里学到 "八卦阵法"，在以后的交战中便能增加几分胆略。所以面对丞相临危授艺姜维，这一切魏延看在眼里，急在心里。

待众人走后，魏延又按捺不住重返中军帐，恳求丞相以身体要紧，先回汉中调养，而自己凭借与司马懿多年的交战经验，自愿留守断后。谁知诸葛亮这时表现出了最为 "官僚" 的一面，他马上脸色一沉，说："文长，此事关系重大，要不我表奏圣上，等圣上御批之后，再作决议如何？" 就这样，一遇到实质性的问题，诸葛亮便把 "审批权限" 这个皮球踢给了 "上级领导"。

魏延当然知道结果将会是怎样，且不说圣上不批的情况，即便是圣上批了，凭当时的信息传递时效，到文件批下来的时候他诸葛亮也早死了！于是，诸葛亮这一次恶意赖皮的"官僚作风"，再一次强化了魏延日后造反的信念。

如果说诸葛亮在这次的临危授艺中仅仅是"打了个官腔"，那么更为卑劣的就是他临死时对魏延的"恶意推导"。他给马岱一个锦囊，授意马岱说："我死后魏延必反，如果魏延有一天真反了，你就把他干掉。"

综观中国上下五千年文明史，我们说"自古英雄多狂傲"，此言不虚。魏延就是其中的典型代表，于是在连呼三声"谁敢杀我"之后，其头颅也果然应声落地。可他万万没有想到，这一切"剧情安排"居然均出自"已故导演"诸葛亮的手笔。

很多人看《三国演义》都不自觉地为诸葛亮的神机妙算所折服，都在钦佩他死后还能够预见性地为国家除去一个反贼。但我每次看到这里，都会不自觉地发出满腔悲愤。我一直在想，如果诸葛亮在开始就能够善用其才，充分尊重魏延的军事才华，则肯定能有效地缓解魏延的狂傲，也可能就不会发生六出祁山的失败了。

古往今来，大凡恃才傲物者，均是有一定特殊才能，而其才能没有受到领导者的重视（比如刘备怠慢庞统，只派他去做个小县官，于是庞统就每天散漫，就是这个道理）。这就像一个小孩，如果父母老夸奖他，他就做得更好；而如果父母没有关注他的表现，于是他就哭闹。究其目的，无非是为了重新唤回父母的夸奖而已。

所以，对于比较狂傲的下属，作为管理者更应该扑下身来，认真探究他狂傲的背后是否有着满眼的祈求；而绝不应该进行"恶意

51

推导"，断定这个人不太好管教，于是就更冷落他，最后使得下属在无尽的绝望中奋起造反或黯然离去。无论哪种结果对管理者而言都是极大的损失。

但在现实管理工作中，我们发现，这种最基本的管理要求，仍然有相当多的人很难做到。

有许多管理者总喜欢过多地关注和放大下属的缺点，这些有缺点的下属便被冷落一旁而得不到重用，这些下属便以更加狂傲和消极的态度进行抗争，管理者觉自己对下属这个缺点的推断果然是正确的，便更加冷落和打压这些下属，这些下属实在无法忍受便毅然选择造反或跳槽，管理者便愤而除之，最后用处理的结果来证明自己早已对一切都料事如神。

殊不知，诸葛亮当初用人时如果能做到因才适用、扬长避短，那么这些下属其实原本就是栋梁之才！换句话说，他们没有一点能耐的话也根本狂傲不起来！所以，管理者一定要警惕恶意推导，不要毁了有才之人。

不要忽视岗位培训

树需栽培，人待培养。人才成长的基本规律证实，人的成长与进步，除了自身素质和主观努力之外，处在良好的环境中，并得到领导组织的正确培养，不能不说是个重要因素。因此，管理者的职责之一，是在用人的同时，不忘有意识地对其进行培养教育。只培养不使用，这对培养毫无意义可言；相反，只使用不培养，则是管理者的一种失职。

要让下属成为一个素质全面的真正人才，仅在一个岗位上培养是不行的，必须让他接受多种岗位的轮番锤炼，可以为他选择独立性强或挑战性强的岗位。这样的岗位可大可小，一样都能锻炼人，可以培养人的坚强的意志，又能够培养人的独立工作、驾驭全局的能力。

当然，管理者只有育才之心是不够的，还应研究掌握育才之术，即育人的有效方法，要自觉地在工作中循循善诱，启发引导，言传身教，潜移默化；要注意为下属施展才能、成长进步提供必要的条件及环境；要在下属困惑与挫折时，及时给予支持与帮助；要不断给下属施加工作压力，以防止他们骄傲自满，故步自封；要允许和提倡下属犯"合理错误"，让他们在跌跌撞撞中成长进步。

培养人才的方法有许多，培养人才的途径也不限于一两种，但最有效的培养乃是工作实践，没有什么培养场所比工作岗位更理想。通过具体的工作进行有目的、有针对性的培养，才可称之为真正有效的培养。工作即是培养，培养又是工作，这本身就展现出一种辩证观。

善于培育人才的人，一般都能把下属的每项工作巧妙地当做培养的活教材。笨拙地培育人才，并无这种意识，想到的只是尽快完成工作任务。两相比较，前者尽管比后者耗费较多时间和精力，然而随着时间的推移，两种做法的效果则会有天壤之别。

同样，在工作中也可以培养人才。作为管理者，你可根据实际

53

工作需要，调整分工，让下属去从事未做好或没接触过的工作，促使其开动脑筋、积极思考，提高工作能力，同时，也可以从中发现其缺点和弱点，采取有针对性的培养措施。

例如，要培养下属具有坚毅的思想作风，可安排他到艰苦岗位、复杂环境和涉及切身利益的场合进行锻炼。通过考验，看他们是否具有奉献精神；是否具有实事求是说真话，不图虚名做实事的品德；是否具有大公无私、坚持原则、不讲关系的品德。在此基础上，再进行有的放矢的培养教育。

对那种已大体熟悉和掌握现任岗位和本职工作要领，并能较好地完成工作任务的下属，要不失时机地交给他未曾接触过的新工作，同时进行适度的指导。对陌生工作感到畏难的下属，要教育他们树立只有做才能提高能力的观点；树立全力以赴、全心全意投入新工作的思想，并在取得进步和成功时，给予及时鼓励和表扬。

人才不是天生的，人的成长和进步离不开实践培养和锻炼。实践的过程，既为他们提供了广阔的舞台以充分施展聪明才智，同时也有利于择优汰劣的竞争选拔，使人人进入紧张的竞技状态，激发调动起内在动力和积极性，促成内在潜力的释放。经验证明，一个组织中充满人人讲效率、工作满负荷的气氛，这个组织中每个成员的工作能力往往提高很快，工作效率也较高。

德国诗人歌德有这样一句著名的格言："工作若能成为乐趣，人生就是乐园；工作若是被迫成为义务，人生就是地狱。"这话虽然有些极端，但强调乐趣和兴趣与工作的关联性，则是很有道理的。

在培养人的过程中如果把工作搞得单调、枯燥、乏味，培养效果难免事倍功半。并不是人人都喜欢和习惯于工作，有的是迫不得已，有的是出于无奈。因此，培养人才要设法增加工作的趣味性。人人都喜欢娱乐游戏，如能设法使工作类似于游戏，将有助于提高员工的工作热情，继而提高其工作能力。

通常，下属对工作的态度主要有两类，即热爱和厌倦。热爱工作者把工作看成是一种享受，乐在其中，积极工作，一旦中止工作则惶惶不可终日；厌倦工作者却把工作视为一种苦差事，并处处想方设法减轻和逃避这种工作。

心理学家经研究证实：热爱和沉醉于工作中的人，激素分泌十分旺盛，并使工作意愿更加强烈；而厌倦工作的人，激素分泌则逐渐下降，结果在情绪上郁郁寡欢，精神上很容易疲倦，对工作越发讨厌和腻烦。

作为管理者，你的任务之一，就是千方百计使那些对工作提不起精神、缺乏热情的人发生转变。以跑步为例，如果要人毫无目标和计划地去跑，只能使人感到乏味，虽然没跑多远，也使人感到十分疲劳。若是预先告知跑的距离，以及到达终点后的荣誉和奖惩，自然会引起人的兴趣，使单调的跑步成为一种追求和享受。

联系到具体工作上，如果让下属参与制订工作目标和计划，让每个人了解个人在整体工作中的作用与影响，同样也会使工作充满吸引力。

有人认为，培养人的正确办法就是送出去培训深造，或者是专门系统地讲授书本知识。其实这是一种误解，因为以上所谓“正宗”的培养虽有作用，然而作用十分有限。在某种程度上说，这只是一种脱离实际的、象征性的模拟训练，充其量不过是培养人才的

第二章 别混淆了选人的标准

55

一种辅助手段。

事实上，书本传授和集中训练不管多么完善，也很难保证育人的效果。因为从书本上只能学习原理、道理，从工作实践中才能学到实际的本领和技能。书本上往往回答为什么，而实践才能解答是什么、怎么做。

从这个意义上讲，真正的实践和工作环境才是真正的大课堂。在这个课堂中，有学不尽的内容，有学不完的教材。在这个课堂中，员工才能学到真本领，不断增长才干。

第三章
别做事必躬亲的专权者

成功的帝王不是全才，他只是善于用人；同样，成熟的管理者不是凡事亲力亲为的"苦力"，他会把一部分权力和事情分配给能够胜任的下属。很多管理者喜欢做"集权者"，不喜欢分权，但实际上分权只是授予权力，权力的所有人是管理者。授权给下属，不仅将自己从日常琐事中解放出来，能够更有精力地投入到决策等重要事务中，还能提高下属的积极性，让下属成为自己的左膀右臂。

凡事亲力亲为是管理的误区

管理者最大的资本是什么？当然是权力，有了权力，管理者才能实施有效的管理。但是，有不少管理者并不善于恰当地运用手中的权力，什么事都不放心，都要亲自过问。在这种对权力的严控中，管理者成了最忙最累的人，而整个管理局面却又迟迟难以打开。

美国著名的管理顾问比尔·翁肯曾提出过一个十分有趣的理论——"背上的猴子"。在这一理论中，"猴子"就是指组织中各成员的职责。对于任何一个组织来说，每个成员都有自己的职责，当他们加入组织以后，管理者就按照下属的职责，分配给他们不同的"猴子"。组织成员的工作就是完成自己的职责，也就是喂养自己的"猴子"。

在"猴子理论"中，企业的成功，归根结底取决于"猴子"的健康。显然，如果组织成员能够出色地完成自己的职责，他所喂养的"猴子"就是健康的；但若他无法胜任自己的工作，不能履行自己的职责，他所照料的"猴子"就会生病。"猴子"生病无疑会影响组织的整体竞争力。而要想使"猴子"健康起来，关键在于协助员工完成自己的职责，提高其工作能力，或者将其调离，让能够胜任的人来承担这一职责。

然而，很多管理者却在这一问题上摔了跟头。他们一看到有"猴子"生病了，就迫不及待地把它接过来，亲自喂养。他们认为，这样可以使"猴子"尽快康复，殊不知这种做法却会使更多的"猴子"变得脆弱不堪。

替下属"背猴子"的做法从眼前来看，似乎使解决问题的速度加快了；但若从长远的角度来看，管理者直接接管下属的工作，会阻碍下属的成长，剥夺下属独立解决问题的权利，长此以往，下属就会丧失解决问题的能力，就会变成事事处处"听命令、等指示、靠请示"的"应声虫"，失去主动性和独立性。

对于管理者来说，替下属"背猴子"的行为也会将自己推入一个领导怪圈——当管理者接收了某一部属看养的"猴子"时，其他部属或为推卸责任，或图自己轻闲，也会主动将本该自己看养的"猴子"推给领导。这样，用不了多久，管理者就会陷入堆积如山、永远处理不完的琐事中不能自拔，甚至没有时间照顾自己的"猴子"——实施计划、组织、协调和控制的职能。

对于一个管理者来说，替下属"背猴子"的做法是不可取的。管理者亲力亲为是造成组织工作效率低下的最主要原因。不仅如此，管理者的亲力亲为还会打击下属的工作热情，甚至造成人才流失。古人说："自为则不能任贤，不能任贤则群贤皆散。"用今天的话说就是，如果管理者事必躬亲，就是对下属工作的不信任，不信任导致不肯放权，凡事都亲自出马，而不肯放权又会进一步加重下属的不信任感，感觉自己的价值不被承认，最终导致人才流失。过于能"干"的领导，往往会导致有才能的下属流失，剩下的是一群不愿使用大脑的庸才，这样的团队的战斗力可想而知。

诸葛亮是个很好的谋臣，但却不是一个好的管理者，他"事必躬亲，呕心沥血"为蜀国之事业奋斗终生，但却没有培养出一个能够独当一面的领导团队，以致在他死后"蜀中无大将"，从而使得国家倾覆。

翁肯的"猴子管理"法则的提出，目的在于提醒管理者，高效的领导就是在适当的时间，由适当人选，用正确的方法，做正确的事。一个高明的管理者习惯于教下属如何捕鱼，而不是送他一条鱼了事。因为他们知道，剥夺他人的主控权，去喂养他人的"猴子"，并不能从根本上帮他们解决问题，真正能够帮助他们的是耐心地教给他们方法并容忍他们在成长中的错误。

第二次世界大战时，有人问一位将军："什么人适合当头儿?"将军回答说："聪明而懒惰的人。"管理者的主要工作是什么呢?不是替下属"背猴子"，而是杰出的管理大师们口中的"找到正确的方法，找到正确的人去实施"。

只有不替下属"背猴子"，你才能不被"琐碎的多数的问题"所纠缠，而有充足的时间去思考和处理"重要的少数的问题"。一个成功的管理者不是整天忙得团团转的人，而是悠然自得地掌控一切的人。

不论是何种层级的管理者，一旦患上了亲力亲为的"职业病"，组织就危在旦夕了。管理者本人会被"琐碎的多数"纠缠得无暇顾及"重要的少数"，从而使组织失控；而每一个组织成员都会被卷入"忙的忙死了，闲的闲得想辞职"的旋涡中，从而失去战斗力。更可怕的是，亲力亲为的职业病还可能使管理者忘掉"让专业的人去做专业的事"的基本管理原则，从而导致领导的彻底失败。总之，管理者越想通过亲力亲为做好事情，就越会使事情变得一团糟；越想眉毛胡子一把抓，就越是什么都难做好，越难提升整个组织的绩效。

身为管理者，如果能让员工独立去抚养他们自己的"猴子"，员工就能真正地管理好自己的工作。这样管理者就会有足够的时间去做规划、协调、创新等重要的工作，从而使整个组织保持持续良好的运作。

亲力亲为在某种程度上是一种无能的表现，同时也是对权力资源的极大浪费，为聪明的管理者所不愿为、不屑为。

不要把员工死死地限制住

下放权力，其方法多种多样，而升职是其中最有吸引力也是最有效的方法之一。每一个员工，几乎都有升职的愿望，这无疑是激发他们奋进的源动力。升职，其效果不仅达到了权力与责任的分散，同时还能极大地激发员工的进取心和创造力。

劳勃·盖尔文，1964年继承父业，担任蒙多罗娜公司的董事长兼最高主管。他掌管公司以后，"将权力与责任分散"，以维持员工的进取心。蒙多罗娜公司从而竞争能力大增，业务突飞猛进，1967年增加到15亿美元，1977年又增加到近20亿美元。

盖尔文之所以"将权力与责任分散"，主要是由于深深感到有维持员工进取心的需要。

盖尔文说："公司愈大，员工愈渴望分享到公司的权力。在比较大一点的公司，每一个人显然都希望能感觉到自己就是老板。因此，我们现在所做的，正是要把整个公司分成很多独立作战的团队，因为只有这样，才能够使大部分人都分享到盖尔文家族所拥有的权力与责任。"

盖尔文说："我绝对相信，一个人如果能操纵自己的命运，那么他一定会比较有进取心。所以，我们将仍然继续不断地去创造一些适当的环境及计划，尽量让员工多参与跟自己有关的管理工作。""有一些特定计划可能通过执行而显得不切实际。对于这一点，我们将会见风转舵，改用较好的计划。但通常，我们计划的原则仍然是尽量创造机会，让比较多的人参与管理工作，分享权力与责任。"

为了将"权力与责任分散"，盖尔文将权力下放给所属各工厂、各部门。

公司的一位负责计划、行销、设计、维持与政府关系及广告事务的高级职员说，公司的管理原则是把公司的各个部门当做相对独立的事业部门来处理。公司所属的每一工厂、每一部门都有自己的研究及发展单位，都有全权来决定一切营销活动。公司设有一个履行公共职责的部门，主要是代表公司与所属海外机构及外国政府建立联系。公司内各部门的方针及目标大致上都很协调，在具体运转上总公司不加干涉。

公司一位负责经营的副董事长说："通常，只要我们在营业额、利润及研究发展经费所占比例等问题上，与各部门、各工厂的经理取得协议以后，他们都可以按照自己认为适当的方式去自由支配经费。"如果他们在自己的预算内想推动一项工程计划，那么大可放手去做而不必把详细情况报告公司或上级主管。只有在计划进行到最后阶段而突然发生重大偏差时，总公司才会加以过问。同样，各工厂和部门也可以自己决定自己认为适当的营业项目。事实上，只有当他们无法达到预定目标时，总公司才会通过适当的方式加以帮助。"当然，在公司的总预算经费很紧时，我们也会采取行动，告诉他们将允许做些什么，不允许做些什么，同时，也会特别规定一些非常重要而必须执行的关键计划。这些计划如果没有得到我们的同意，各部门是绝对不能更改的。但不管怎样说，我们的管理原则是尽可能减少干涉。"

为了设法让员工分享权力与责任，盖尔文建立了一套明确的升迁制度。在蒙多罗娜公司，只要员工在履行责任中创造性地工作，就能获得相应的权力。例如，当某一项研究工作有了一定眉目而需组织力量进一步突破时，公司就授予你全权。所授权力之大，一般相当于公司的高级主管，有的甚至于接近公司的总经理，被称之为"一人之下，万人之上"。难怪人们赞叹说："蒙多罗娜公司是技术本位者的晋升阶梯。"

总而言之，管理的原则就是尽量减少干涉，给员工一片自由的天空。将权力与责任分散，激发员工的进取心及创造力，这也是发展公司业务的有效方法之一。

用授权的方式来分配任务

如何让权如同授权什么、授权给谁一样重要。换句话说，你的态度对员工的工作意愿和工作质量影响极大。你应该尊重员工，信任他们能够完成任务，并告诉他们为什么在所有人之中是他们被选中而不是别人。对员工来说，知道自己受到赏识、被委以重任比加薪、提供给他们薪水以负担他们的生活开销更意味深长并影响深远。

如出色的教练，培养助手终有一天能成为主教练一样，成功的管理者在他们的职权范围内允许他人成长和发展。他们懂得，适当地授权是给予员工一定的挑战，不使他们停顿不前，表现出对自己的信心和对他们的信任，保留他们的权利和义务，扩大他们的荣誉感。所以，出色的管理者恰恰不会向下级布置他们不应该做的工作；出色的管理者只是给下级提供学习和进步的机会。事实上，管理的目的是把他们职责内的一部分工作视为形同虚设。

从琐细的事务中解放出来后，管理者注重于管理、监督、领导、协助、辅导和推动工作，不再陷入完成任务之中，使得管理者能够扩大职责范围，增加他们的贡献，为他们自己和家庭挤出更多的时间。

实际情况是，多数管理者不信任员工能完成许多管理者能完成的任务。尽管这些管理者也授予一些权力给别人，但他们知道他不得不为别人的错误承担责任。对许多管理者来说，授权简直是不值得冒的风险。假如在过去，他们曾经授过权，并吃过亏，通常他们是不愿意再吃一次亏的。

具有上述观点的管理者是既不理解授权的意义又不曾成功地授过权的人。授权的要点不是谁能够干好这项工作，而是谁有能力完成更重要的项目。你可以根据受权人的具体情况，分配给他适合的工作或权力。

授权，不仅使你帮助别人成长，而且你自己也成长起来。一项逐渐使你感到厌烦的工作，也许对某些人来说并不那么讨厌；一项一直由你来做的工作应该教给某些能做这项工作的人在你不在的情况下来做。

在分配任务的时候，从责任最小、工作成绩不断上升的人开始，不要仅仅是分配任务，销售任务，而是要向你选中的员工解释在这份工作中珍藏着的是更富有挑战意义的工作、更大的认同、对惯例的突破、提升的可能、引起上级的注意、学习新技能的机会。用授权的方式来分配任务，就能打下员工支持你的基础并产生创造力。

授权时要讲究策略和技巧

管理者面对的是一个个有思想的人，授权时不分对象、不看情势会造成管理者对权力的失控。为此，授权必须讲究策略和技巧，在对权力的一收一放之间找到运用权力的正确节奏。

第一，不充分授权。不充分授权是指管理者向其部属分派职责的同时，赋予其部分权限。根据所给部属权限的程度大小，不充分授权又可以分为几种具体情况：让部属了解情况后，由管理者做最后的决定；让部属提出所有可能的行动方案，由管理者最后抉择；让部属提出详细的行动计划，由管理者审批；让部属采取行动前及时报告管理者；部属采取行动后，将行动的结果报告管理者，等等。不充分授权的形式比较常见，这种授权比较灵活，可因人、因事而异采取不同的具体方式，但它要求上下级之间必须确定所采取的具体授权方式。

第二，要会弹性授权。这是综合使用充分授权和不充分授权两种形式而成的一种混合的授权方式。它一般是根据工作的内容将部属履行职责的过程划分为若干个阶段，在不同的阶段采取不同的授权方式。这反映了一种动态授权的过程。这种授权形式，有较强的适应性。当工作条件、内容等发生了变化，管理者可及时调整授权方式以利于工作的顺利进行。但使用这一方式，要求上下级双方需及时协调，加强联系。

第三，掌握制约授权。这种授权形式是指管理者将职责和权力同时指派和委任给不同的几个部属，以形成部属之间相互制约地履行他们的职责，如会计制度上的相互牵制原则。这种授权形式只适用于那些性质重要、容易出现疏漏的工作。如果过多地采取制约授权，则会抑制下属的积极性，不利于提高管理工作的效率。

第四，力戒授权的程序错乱。一个企业即便人员不多，老板也应了解全体员工的全盘行动，授权后不能万事皆休，否则，授权的结果只会带来负效应。在实际工作中，有效授权往往要依下列程序进行。1. 认真选择授权对象。如前所述，选择授权对象主要包括两个方面的内容，一是选择可以授予或转移出去的那一部分权力；二是选择可以接受这些权力的人员。选准授权对象是进行有效授权的基础。2. 获得准确的反馈。一个管理者授权之后，只有获得其部属对授权的准确反馈，才能证实其授意是明确的，并已被部属理解和接受。这种准确的反馈，往往以部属对领导授权进行必要复述的形式表现出来。3. 放手让下属行使权力。既然管理者已把权力授予或转移给其部属了，就不应过多地干预，更不能横加指责，而应该放开手脚，让部属大胆地去行使这些权力。4. 追踪检查。这是实现有效授权的重要环节。要通过必要的追踪检查，随时掌握部属行使职权的情况，并给予必要的指导，以避免或尽量减少工作中的某些失误。

掌握以上授权的原则方法和程序，你的领导能力会因此更进一步。一位管理者要想使权力生效，必须靠有效授权来完成，否则就是霸权，而霸权只能导致孤立。

管理者授权要注意的几点

要做大公司，掌权是个技巧和艺术问题。对掌权者而言，始终把权力捆在自己身上显然是错误的，因为高明的授权法是既要下放一定的权力给部属，又不能给他们以全受重视的感觉；既要大胆信任，又要有一定的牵制。若想成为一名出色的成功管理者，就必须深谙此道。

一个成功的管理者应该懂得"一个人权力的应用在于让他们拥有权力"，掌握授权这一领导艺术，需要注意的是授权虽然重要，但并不是人人都会授权，授权不当比不授权造成的后果更严重。正确授权应注意以下几点。

1. 择人授权

即根据下级的能力大小和其他个性特征等区别授权。对于能力相对较强的人，宜多授一些权力，这样既可将事办好，又能锻炼人；但对于能力相对较弱的人，不宜一下子授予重权，否则就可能出现失误。同时，授权时应考虑被授权者的其他个性特征。对于性格外倾性明显者，授权让他解决人际关系及部门之间沟通协调的事容易成功；对于性格内倾性明显者授权他分析和研究某些问题则容易成功；对于要求做出迅速和灵活反应的工作，授权让多血质和胆汁质的人处理就能成功；对于要求持久、细致严谨的工作，授权让黏液质和抑郁质的人处理就可能效果良好。

2. 当众授权

当众授权有利于使其他与被授权者相关的部门和个人清楚，管理者授予了谁什么权、权力大小和权力范围等，从而避免在今后处理授权范围内的事时出现程序混乱及其他部门和个人"不买账"的现象。

3. 授权有根据

管理者以手谕、备忘录、授权书、委托书等书面形式授权具有

三大好处：一是当别人不服时，可以此为证；二是明确了其授权范围后，既限制下级做超越权限的事，又避免下级将其处理范围内的事上交，以请示为由，貌似尊重，实则用麻烦管理者的办法讨好管理者；三是避免管理者将授权之事置诸脑后，又去处理其熟悉但并不重要的事。

4. 授权后要保持一段时间的稳定，不要稍有偏差就将权收回

如果授予一定权力后立即变更，会产生 3 个不利：一是等于向其他人宣布了自己在授权上有失误；二是权力收回后，自己负责处理此事的效果如果更差，则更产生副作用；三是容易使下级产生管理者放权却又不放心的感觉，觉得自己并不受管理者信任，有一种被欺骗感。因此，在授权后一段时间，即使被授权者表现欠佳，也应通过适当指导或创造一些有利条件让其将功补过，不必马上收权。

5. 授权不授责

组织管理原则中一直有权责对等这一原则，但授权却是例外，即授权后并不要求被授权者承担对等的责任。因为权责对等原则是针对某一职位应该拥有的权力而言的，若没有这一权力，则这一职位就没有必要设立。而授权对于管理者来说是一种可为也可不为的权力，而不是必须为的义务。在这种情况下，管理者授权的实质就是请被授权者帮助他办事，是一种委托行为。因此，授权后，当被授权者将事情干得好时，应当给予奖励和表彰；当事情干得不如意时，管理者应该自己来承担责任，而不能将责任推给被授权者。

6. 授权有禁区

尽管从某种角度说，管理者能够授出的权越多越好，但并不等于说管理者将所有权都授出去而自己挂了空衔最好。如果这样，公司就没有必要设立管理者了。在授权问题上存在禁区，有的权多授好，有的权少授甚至不授更好。一般来说，授权的禁区有：公司长远规划的批准权，重大人事安排权，公司技术改造和技术进步的发展方向决定权，重要法规制度的决定权，机构设置、变更及撤销决定权，对公司的重大行动及关键环节执行情况的检查权，对涉及面广或较敏感的情况的奖惩处置权，对其他事关总体性问题的决策权。

不要走上集权分权的极端

如何分配好手中的权力，是古往今来任何领导者都无法回避的问题。今天的管理者分配权力过程中的首要问题，并不在于究竟是多分一点好，还是多留一点好，而是要首先搞清楚具体应该分什么权力，留什么权力。关于这个问题，宜用"大权独揽，小权分散"的原则来加以解决。

哪些是"大权"，哪些是"小权"？对这个问题，不同管理者在实际工作中往往认识不一致，而且掌握起来也不容易。有的人可能把"大权"当成了"小权"，走上放任的道路；有的人则可能把"小权"也看成"大权"，走上了专权的道路。

划分"大权"和"小权"是一个相对的过程，主要是相对于管理者所处的位置而言。划定大权和小权的时候，要把权力囊括的范围确定下来。组织中的管理者，其大权和小权的划分差距是很大的。

从涉及的范围来考虑，关系全局的权力，当然就是大权，仅仅关系某一个局部的权力，一般不能说是大权。

从权限的角度来考虑，下级不能解决的问题，必须上级来解决，这应该是大权。如果下级自己能够解决，或者下级自己解决更好，一般都不能算是大权。

从权力的性质来考虑，一般一个组织的权力有 3 个层次：一是决策权；二是运行权；三是执行权。

所谓大权实际上主要是指决策权，还有就是运行中的关键问题的把关性权力，具有"不可替代性"。人们常说，领导要把握方向，把握大局，这样的权力是要独揽的，而其他的权力则要分散。分散其实也是独揽的条件。什么权都抓，往往什么权都抓不住。决策权应该是一个组织最高领导机构和最高领导人的权力，这是大权。

运行权是这个组织中层机构或中层领导的权力，其中带有垄断性的，可能是大权，但大部分照章办事的正常运行的权力，对最高领导人来说是小权。执行权是基层干部或人员的权力，对中层领导来说，关键性的操作可能是大权，但一般的日常操作则是小权，对最高领导来说，这些当然更是小权了。

对一个组织的发展而言，最重要的是决策。所以，管理者一定要抓住、用好大权，不要忙于琐碎事务，而忘记自己最重要的决策任务。

集权和分权还有一层重要意义，就是管理者能够正确处理领导团队内各个成员之间的权力分配问题。在集权与放权上，管理者的问题有 3 种：

1. 自己有本事，但不放手，这样的人虽然集权过多，但总还是可以干一些事情的。

2. 自己没有本事，但比较放手，这样的领导虽然放权过多，但由于发挥下级和副手的积极性，也还是能干一些事情的。

3. 自己没本事，但对他人还不放手，这样的领导最糟糕了，因为他干不了活，还不让别人干活。

因此，作为管理者，你需要冷静地思考自己的权力结构配置问题。

如果领导不努力去做自己应该做的事情，那么团队就会散下来，因为没有人去统筹全局；如果领导尽做别人应该做、可以做的事情，这个团队也会散下来，因为其他成员会觉得无事可做而消极起来。

另外，"大权独揽，小权分散"也是一个管理者的工作方法和作风问题。在这层意义上来说，集权和分权是管理者如何发挥副手和下级的积极性问题。集权而不专权，放权而不放任，才是最好的选择。

选择受权者时切莫草率

授权必须慎重行事。这里，除慎重地确定授权范围和大小外，特别要注意选好受权者，即接受上级所授权力的人。因为受权者选不好，不但难以实现预期的授权效果，反而会给领导者添麻烦。选好受权者，是授权工作的基础和关键一环。为此，要求授权者对拟受权的下属做如下分析。

1. 这个人具有哪方面的能力、特长和经验？品德如何？他最适合承担何种工作？

2. 委托这个人做什么工作，才能最大限度地激发他的工作热情和潜力？

3. 他目前担负的工作与拟授权的哪些工作关系最为密切？

4. 这个人对哪项工作最关心、最感兴趣？

5. 哪项工作对他最富有挑战性？

在上述分析的基础上，才有可能把所要授出的责权与受权者的品德、能力、性格、兴趣等最大限度地统一起来，才能做到把权力授予最合适的人。

在现实生活中，具有以下特点的人，往往是受权的理想人选：一是大公无私的奉献者；二是不徇私情的忠直者；三是勇于创新的开拓者；四是善于团结协作的人；五是善于独立处理问题的人；六是某些犯过偶然的、非本质性错误并渴求悔改机会的人。

选好受权者，除了分析考察每个下属的特点、能力、性格等主观因素之外，还要综合考虑拟授权工作的性质和特点，这样才能恰当地选好受权者。

授权时，要挑选那些接受过培训、掌握技能、有天赋和动机的人。尽管这一原则很重要，许多主张授权的人仍认为每位员工都有被授权的天赋和渴望。只注重渴望而忽视天赋的授权会造成不良后果。难道你愿意让一个有高度热情，技术上却笨手笨脚的人来组装你的急刹车装

73

置吗？

在授权时经常出现过高估计员工工作能力的现象，认为只要集体合作就无须专业人员的任何指导。你或许会授权一组有高涨热情的员工来自行解决一个棘手的问题，而不去请教一名受过高等训练、有高级技能的专业人员。因而，解决问题的最佳方式是请一名专家以内部顾问的身份加入被授权集体之中，同时注意以下两点。

第一，不要忽视专业技能。被授权集体应配备适当的职业专家，发生在汽车制造公司的实例便充分证明了这一点。克莱斯勒小型运货车新生产线中挡风玻璃上的刮水器有 6.5% 存在瑕疵——少数的刮水器不能完全刮过挡风玻璃，因为这小小的毛病使得克莱斯勒无法将这批小型运货车装船发运。这是让人难以接受的，员工们所面临的挑战就是如何将其解决，但没人能找出其弊病所在。所有的原件都符合规格，零件的组装完全正确，工程师们也找不出设计上的任何差错。为找出所存在的问题，公司成立了一个联合调查小组，被授权全面发挥作用，组员包括一名生产总监、一名质量检测员、一名质量分析专家和两名工程师。在研究调查数月之后，他们无意中发现汽车驱动杆上的锯齿边带动了刮水器边。于是，一位工程师就设计了一个计量器用来测量曲柄的转度，使这一问题得以解决，全部的小型运货车才得以发运。如果小组成员中没有工程师，那么问题能否解决可能还是个问号。正确的观点是被授权的集体应包含适当的专业技术人员，而这一真谛虽说显而易见，却常被忽视。

第二，选择适当的人授权。授权的一条重要原则是必须契约重申。如果你想要你的授权集体高效多产，其成员必须要经过精挑细选。最富成功经验的公司往往在授权时仔细审查被授权成员，被选

74

中的员工应具备以下素质：有职业道德，善于灵活机智地完成任务；有自我开创能力、集体合作精神及敏锐的头脑；还有上文强调的一条，一定要懂技术。

　　总的来说，挑选的人要比同级员工高出一筹，能力和动机是授权成功的关键因素。一定要确保被授权人掌握适当的技术，许多重大错误都是由于决策人只有权力而无技术所造成的。你可以从员工过去的工作表现中搜寻证据来证明他是否有冒险精神和创造性思维；证明他能把握自己，比如他需具备在完成长期项目的过程中坚持不懈，表现出毫不气馁的精神。被授权人必须严格要求自己，因为他们的权限非常小。

　　你要确保他在完成任务过程中能够表现出自信，独立实施某项决定需要自信心（当然，你也许会辩解说被授权能增强人的自信心，但至少你应在他过去表现中找出自信）。

　　尤其要注意的是，一定要确保候选人能坦诚认真、一如既往地保持原有的良好品行，如若不然，他就会趁机利用手中的权力来命令他人做一些不该做的事，这将会给企业带来灾难。

缺乏信任的授权注定失败

　　有在企业工作经验的人不缺乏这样的工作体会，上司安排任务时总是再三强调"放手去干，我绝对信得过你"，但在工作过程中却又一百个不放心。也许上司确实授给了你一些权力，但这点权力得不到上司的有力支持，工作照样难以展开。

假如有这样一个问题，当你的下属和你的客户经销商之间产生冲突，你会支持谁？不管干什么，只要与人打交道，"冲突"就会时常发生，对于"冲突"的双方而言，当然是各有其道理。许多管理者面对这样的"冲突"，总是习惯上训斥自己的下属，向客户赔不是。其实，如果有这样的情况，管理者应该站在下属这边。在这个把"客户为上帝"奉为圭臬的世界里，这样的答案似乎很离奇，但管理者应该深信一点，下属员工才是公司最重要的客户，缺乏对员工的信任或者支持，他们失去的将是对组织的信任和工作的快乐，这种不信任和不快乐，百分之百地将传递给公司的无数个客户，最终导致的是绩效低下。

许多管理者都在抱怨下属不是那个能"把信带给加西亚的人"，抱怨员工懒惰并对公司充满着不满。但是，回想一下，哪位员工是带着不满的情绪进入公司的？你可以想想他们当年加入公司时那种踌躇满志的样子，那种双眼都会放光的憧憬。你想过没有，使他们变得冷漠与怨恨的正是管理者自己。

杰出的管理者一定会深信沟通的重要性并身体力行。信息通畅是一个好的管理者的重要标记，有些管理者不大喜欢沟通，有些事情也不愿意透明，觉得神秘管理更好。其实，所谓的"神秘管理"是另一种愚民政策，它除了能得到漫天飞的小道消息和日渐低落的士气外，什么也得不到。靠"神秘"不能伪装权威，也掩盖不了管理者的低能。

俗话说"庶民用暗器"，大多数下属对付这些管理者的做法是

"在职退休"。这种做法是相互的戕害：一方面，企业没有为员工提供必要的培训，使员工失去的是未来人力市场的价值和对未来的信心；另一方面，企业损失很多的人力资源，企业最大的成本就是没有经过培训的员工。

正如美国钢铁大王与慈善家安德鲁·卡耐基所说的那样，一个组织拥有的唯一不可替代的资产就是它的员工所具备的知识与能力。人力资本的生产效率取决于员工能否有效地将自己的能力与雇佣他的组织分享。全球零售业巨头沃尔玛也说，如果想让公司的员工照顾好顾客，你就要必须确保照顾好店里的员工。在企业的管理过程中，受权者只有真正接受到了来自管理者的信任和支持，才能够充分发挥个人才干，做好上级交给的工作。

因此，管理者要记住，既然选择了受权者，就要相信他，支持他。只授权，不信任，只会造成公司资源的浪费，恶化上下级之间的关系。

别把授权等同于弃权

在企业的经营管理过程中，领导者既要分权，又要控制，要做到"有限分权，无限控制"。权力的分配应该像金字塔，只有做到相互牵制、相互支撑，才能达到相互平衡、和谐。

对于一个企业的领导而言，授权是最有效的领导手段之一。将自己所拥有的一部分权力授给下属去行使，使下属在一定制约机制下放手工作，不但可以充分调动员工的积极性，加速员工的成长，而且还可以使领导者得以从琐事中脱身，将精力集中于更重要的事务，因此，授权是当代企业领导必须掌握的一门艺术。

放权是必要的，但是放权不等于弃权，放权的同时必须建立起配套的监控机制。监控是对领导所授权力的根本保障，是关系到企业兴衰存亡的必要措施。在分析一些公司失败的案例时，我们发现，很多公司并非没有明确而具体的目标，也并非缺乏具有卓越才能的人才，但它们最终却陷入了失败的境地。为什么呢？并非这些企业自己所归纳的原因——市场环境突然变化使得公司的处境十分被动，而是犯了最平凡同时又是最不该犯的错误，即公司所制订的计划并没有得到彻底地执行，而公司的最高层却认为已经落实了。当吉姆·基尔特斯加盟吉列公司时，几位高层经理说公司已经对那些不必要的产品包装进行削减了。但实际情况却是到基尔特斯上任时，吉列的 SKU（公司不同类型的产品包装的行业术语）的数量已高达 2.4 万种。大部分产品包装甚至从来没有用于销售，只是堆在仓库里。在一年前公司确实花了数百万美元聘请专家削减产品包装，但事实上一种也没有减少。

造成这种结果的原因正是高层领导者对已经授权的工作不闻不问，更未进行及时地跟踪。领导者的任务不只是制订计划，还应该包括对计划进行跟踪，及时发现问题并在第一时间予以解决。

一家家畜饲料制造厂为公司制订了拓展市场的计划，他们打算生产一种蛋白质含量更加丰富的饲料，为公司打开奶牛场的大门。一直以来他们只对饲料进行简单的加工，这种饲料根本无法满足奶牛场的要求。他们在饲料中添加适量的尿素，尿素可以帮助家畜将饲料转化成蛋白质。但这样做又有一定的风险，因为黄豆中一种被称作 Urease 的酵素会与尿素反应形成氨，而氨又会导致动物腹胀，甚至死亡。为了控制饲料中的 Urease 含量，饲料必须经过严格的烘热处理，并且化验室每天都必须对 Urease 的含量进行检验。

经过不断地调试和检验，饲料中的 Urease 含量终于符合了安全标准，这家饲料制造厂终于生产出了符合要求的高蛋白质饲料。在广告和公关等各方面措施的支持下，公司的市场拓展开展得有声有色，已与几家养牛场建立了较为稳固的供货关系，另外还有更大的几家畜牧场有与之合作的意向。

就在一切进展都十分顺利的情况下，不幸的事情却突然发生了。有一天，化验室的例行检验结果显示，Urease 的含量严重超标。公司总裁吉姆在第一时间得知了这一消息。他要求化验室一旦发现Urease含量超标必须第一时间通知自己。吉姆果断地做出指示，在过去 48 小时生产的所有饲料禁止运出公司，以维护公司的信誉和用户的安全。随后他马上开展了调查，最后终于找到了原因，一名新来的维修员工在换装蒸汽管线的一个零件时关掉了蒸汽机之后又忘了打开，使得对饲料进行烘热处理时温度降低，进而导致 Urease 含量超标。

吉姆全程跟踪并亲自处理了这一突发事件，正是由于吉姆的参与，不安全的饲料没有被运出工厂，安全隐患得以在最短的时间内找到并被排除，公司的损失被控制在最小范围内，公司的形象得以保全，公司开拓市场的计划才能继续被执行下去。

领导人的及时跟进是相当重要的。在跟进的过程中，不但可以协

79

助和支持下属顺利完成任务，而且还能监督下属，避免其偏离正确的方向。

企业领导者应该对下属的工作进行跟踪，及时发现问题，及时决策，及时提供支持。当然，领导者尤其是高层领导者都有许多工作要做，一忙起来可能就把对计划进行跟踪这件事抛之脑后了。所以，为了保证领导者能及时跟踪，应建立一个跟进计划，以保证工作的顺利进行。

跟进计划的内容应包括以下几项：目标是什么？什么人负责这件事？什么时候、通过什么方式，使用何种资源完成任务等。

跟进计划的内容是固定的，但形式却可以灵活多变，尤其是高层领导者因为要从整体上把握工作，所以更需采用简单有效又灵活多变的办法。

罗兰·贝格是一家大咨询公司的创始人和总裁。就像所有的大公司的领导人一样，罗兰·贝格每天需要与各方面的人打交道，处理各种各样的事务，可谓日理万机。但同大多数高层领导人不同的是，他从不会忘记哪怕一件小事，在一项计划进行到规定完成的最后期限，有关的负责人总会接到罗兰·贝格打来的询问事情进展情况的电话。是罗兰·贝格记忆力超过常人吗？非也。他有自己的跟进方法。他每天都接触大量的各色各样的人物，处理各种各样的事务。为避免遗忘本应自己去做的事，他随身带了一个小录音机，每一件需要自己去做的事他都会用录音机记下来，再由秘书打印后发放给相关人员。他通常每天会发出 40~50 个给不同人的"内部备忘"。这当然是在完成一个领导者的首要任务——布置工作和做出某些决定。但这仅仅是事情的开始。每一份内部备忘都会被写上一个时间，到了这个时间秘书就会把这个内部备忘重新放在罗兰·贝格的案头。所以，没有任何一个人能够侥幸让他忘记一件他关心过的事情，他总能在合适的时间向负责某项执行工作的人员询问事情的进展。

信任固然好，监控更重要。及时适度地跟进计划并非不信任某人的表现，相反，这只能表明你重视某件事情，所以适度地跟进并不会损害员工的工作积极性。当然，跟进计划一定要注意两点：一是及时，只有在第一时间发现阻碍工作进行的障碍，才能尽快排除障碍，确保工作的顺利进行；二是要注意适度，领导者需要的是跟进计划，而不是去具体执行计划，领导者需要做的是鼓励员工把执行工作落到实处，而不是越权指导，更不是直接插手去落实，否则只会把事情弄得更糟。所以，领导者应掌握跟进的艺术，既保证战略规划得到不折不扣地执行，又不损伤员工的积极性，只有这样才能取得好的效果。

避免下属权力过大

部下权力过重，难免会拥"兵"自重，这无论是对管理者本身还是对整个组织来说，都是一个非常大的隐患。一旦权力过重的部下起了二心，必将带来严重后果。

有一个企业的总经理，对业务部经理的能力很是倚重，不但业务部人员的安排、业务开展等事完全交给他决策，而且有关企业营销战略的重大问题也基本由此人说了算。时间一长，此人拥"兵"自重，后来带领全部业务骨干另创新企业，把原企业的客户一股脑儿带了过去不说，整个营销模式完全套用原企业的。一个好端端的企业一下子成了空架子。这不能不说是那位总经理管人、分权问题上的重大失误。

这里还有一个古代的例子。

异姓诸侯王是西汉王朝建立前后分封的非刘姓的诸侯王。翦灭异姓王，是汉高祖为巩固专制主义中央集权所采取的重大方略。

当时的异姓诸侯王共有7个，即楚王韩信、梁王彭越、淮南王英布、赵王张耳、燕王臧荼（卢绾）、长沙王吴芮和韩王信。其中除吴芮和韩王信外，其他5人在楚汉战争中协助汉王刘邦争夺封建统治权力都立有汗马功劳。异姓诸侯王的分封，除了当时实际的政治、军事需要外，还有着相当深远的历史背景。

秦始皇统一六国后，废除周代以来的分封制，在全国范围内确立了郡县制。诸子和功臣仅赐予爵禄，不封授土地。然而，分封制的社会基础并未因此而消除，割地封侯的思想还相当普遍地存在于人们的头脑中。秦末农民大起义爆发后，六国贵族的残余势力纷纷乘反秦之机割地称王。当时，齐国的田儋自立为齐王，魏咎立为魏王，韩广为燕王，武臣为赵王，等等。秦朝灭亡后，反秦武装中力量最强的项羽，为了巩固自己的盟主地位，不仅承认了六国贵族并立为王的局面，还自封为西楚霸王，并继续分封自己的亲信为王，于是，形成了所谓十八路诸侯。在楚汉战争过程中，汉王刘邦为了分化瓦解项羽的势力，一方面拉拢项羽分封的诸王，如张耳、英布、吴芮、臧荼等；另一方面也不得不满足其重要将领割地分封的要求，陆续封了一些诸侯王。如汉高祖四年（前203年）春，韩信在平定齐地后，请求立为假齐王。刘邦当时处境狼狈，听到这一消息十分气愤，但为了笼络利用韩信，就听从张良的意见，索性封他为真齐王。随后，为了调动兵力围歼项羽，他于同年七月封英布为淮南王；次年十月，又划睢阳以北至谷城封给彭越。这些诸侯王因为不是刘姓宗室，故史称异姓诸侯王。到汉高祖五年五月刘邦称帝时，这些异姓诸侯王大抵占据了战国时期东方六国的大部分疆域。

西汉初年，由于社会经济凋敝，封建统治秩序尚待重建，汉高祖不得不暂时维持现状，但是，对异姓王势力的膨胀也保持着高度的警惕。如垓下之战结束、项羽败死后，刘邦立即夺韩信的兵权，同时将他由齐王徙为楚王，都下邳。汉高祖五年（前202年）七月，张耳病死。不久，燕王臧荼谋反，刘邦亲自领兵讨平。剩下的5人中，楚王韩信、梁王彭越、淮南王英布对西汉王朝的建立立有汗马功劳，且手握重兵，成为汉高祖的心腹之患。于是，刘邦在吕后的协助下，采取强硬的对策，一一翦除了异姓王的势力，甚至不惜采用肉体消灭的残酷手段。

汉高祖六年（前201年），刘邦以韩王信壮武，封国北近巩、洛，南迫宛、叶，东有淮阳，皆天下劲兵处。于是，另以太原为韩国，徙信以王之，为防备匈奴的侵扰，原都晋阳，后徙治马邑。这年秋天，匈奴冒顿单于率大军包围马邑，韩王信多次派使者去匈奴求和。汉高祖怀疑韩王信有二心，赐书责备。韩王信心中恐慌，就索性投降匈奴，并与匈奴约共攻汉。次年，刘邦亲自领兵征讨，韩

别做事必躬亲的专权者

第三章

王信逃入匈奴，后来与匈奴联兵侵扰边郡，被汉军杀死。

楚王韩信刚到封国时，巡行县邑，经常陈兵出入，于是被告发谋反。汉高祖采用陈平的计策，借口巡游云梦，会诸侯于陈，乘机逮捕韩信，带至洛阳，贬为淮阴侯。此时，刘邦仍不时与他讨论用兵之道。汉高祖十一年，陈豨谋反后，韩信与陈豨暗通声气，并于次年乘高祖率军平叛之机，图谋诈诏赦诸官徒奴，袭击吕后和太子，结果为人告发。吕后在萧何的策划下，将韩信骗至长乐宫钟室处死，夷三族。汉高祖听说这消息，且喜且哀之。

陈豨谋反，汉高祖亲自率兵平叛。他向梁王彭越征兵。彭称病，不愿前往，从而引起刘邦的不满。后梁太仆告发彭与其将扈辄谋反，遂逮捕彭越，废处蜀地。途中彭越遇见吕后，向吕后哭诉，自言无罪，请求改徙昌邑。吕后假意许诺，将彭越带到洛阳，对汉高祖说："彭越壮士也，今徙之蜀，此自遗患，不如遂诛之。"于是指使彭越的舍人出面告发彭越谋反，由廷尉审理后夷越宗族，又命人将彭越尸体剁成肉酱，遍赐诸侯，于是更引起了其他异姓王的恐慌。

淮南王英布本来是项羽的部下，与刘邦并无渊源。他见韩信被诛，心中本已不安，收到彭越的"肉醢"后，更是惊恐万状，立即私下集合部队，加强警戒，结果被人告发谋反。汉高祖十一年七月，英布起兵谋反。刘邦发兵征讨，并于次年十月平定淮南。

取代臧荼立为燕王的卢绾，与刘邦的关系最为亲密。因为陈豨谋反的事受到怀疑，刘邦派使者召绾。卢绾称病不行。他对幸臣说的一番话倒很能说明问题："非刘氏而王者，独我与长沙耳。往年汉灭淮阴，诛彭越，皆吕后计，今上病，属任吕后。吕后妇人，专欲以事诛异姓王者及大功臣。"汉高祖得知报告，非常愤怒，认定卢绾谋反。高祖死后，卢绾遂率其众亡入匈奴。其实，卢绾的话并不全面，诛灭异姓王出自刘邦的本意，只是吕后更心狠手辣而已。

授权时容易出现的误区

一般管理者都明了授权的必要性，也存在希望通过授权改变管理局面的主观意愿，但在具体的管理实践中，却发现要把"合理授权"这一管理信条落实到位，困难重重。这里面有思维方式和管理习惯的问题，也有对权力收放的拿捏把握的问题。

归结起来，合理授权的障碍来自以下两个方面

第一，管理者个人在工作认识和权力下放上的思维误区。表现在以下 3 点：

1. 以自我为中心的工作习惯，对于让下属做出对自己有影响的决定很不习惯。这一点必须要克服。因为作为管理者必须清楚你不能独立完成所有的工作，而高效地授权能让你的工作和生活更轻松，并且让你的团队更有活力。总觉得自己比下属更能干，那些具有较强工作能力的管理者更容易发生这样的失误。事实上，管理者即使在很多领域中都具有非凡的能力也一定要避免事事亲为，因为你能干不代表你的成员不能做这些事，而且更严重的是这样会导致

下属行为的惰性。管理者必须时刻提醒自己，如果在一个团队或组织中你是唯一能做某件工作的人（这里指具体的和技术上的工作），那对整个组织来说是危险的。只有那些必须由自己处理的事情才不属于授权的范围。

2. 对授权对象要求苛刻，认为必须把一项工作授权给能手才是合理的。实际上不同的工作完全可以授权给不同的人，而标准只有一个，那就是能否提高整个团队的绩效。应该针对特定的情形和对象使用最佳授权方式，最终减少团队中资源的冲突。因为下属拒绝而对授权没有信心，也是不必要的。担心经验不足而导致失败和对你授权方式的不满都可能导致他们的拒绝，当然，解决这些问题更需要管理者的经验。不要因为下属是新手而不敢授权。一个高效的管理者，在明白能人重要性的同时也必须看到新手的潜力和价值。授权的过程其实也是一个授权者与被授权者共同进步、共同承担责任、共同学习的过程。

3. 工作目标模糊，认为是自己举手之劳的工作而忽视授权。实际上一个管理者的时间就是在这些并不重要的举手之劳的工作中浪费掉了。更重要的是这样会宠坏你的下属，使他们的能力更加缺乏。因为自己喜欢做而不授权给下属是错误的。尤其是一些技术型管理者，你必须授权你喜欢的工作，让下属代你完成。你的任务是集中精力做必须由你做的工作，而无论你是否喜欢。对工作要求尽善尽美，认为所有工作都应该完美地实现，其实这是一个误区，而一旦陷入这个误区，则会对你的授权产生限制，甚至会导致你对下属的能力产生怀疑，从而在授权工作上止步不前。事实上有许多时候不需要十全十美。你应该清楚地认识到强

影响和弱影响工作的区别。强影响工作指人力管理、规划整个系统、激励和培训等长期性工作，而弱影响工作是指日常工作或受强影响工作影响的工作。国外的一些调查显示，最佳的时间分配是80%的精力放在强影响的工作上，20%的精力放在弱影响的工作上。分清楚这两类的工作，并有计划地分配和授权，你会感到你要做的工作和应分配的工作重点更加清晰，同时这样也将有助于你日后的控制工作。

第二，管理者对权力的把握出现偏差，典型的表现是造成下属的"越权"。下级"越权"的现象在一些单位时有发生，领导者要根据不同的"越权"情况，采取不同的制止下级"越权"的方法和艺术。

1. 明确职责范围。权力是适应职务、责任而来的。有多大的职务，就有多大的权力，就能承担多大的责任。因此，只有职、权、责相统一，才能制止"越权"现象。

2. 分层领导。下级要认真地做好本层次的工作，对上级领导负责，执行上级的指示，接受上级的指导和监督，主动地、经常地请示汇报工作，积极地、创造性地完成上级领导交给的一切任务。

3. 为下级排忧解难。领导者要关心、爱护下级，为下级排忧解难。这样，既可以防止下级有意识地越权，也可以防止下级由于来不及请示而出现的越权现象。

4. 要分清"越权"的动机。如果下级是因为有较强的事业心、责任心，工作有积极性、主动性，不推不靠、敢作敢为、敢于承担责任，而出现了"越权"行为，领导者应该先表扬后批评，既肯定其积极性，又指出其越权的危害。如果下级的越权行为是因为觉得

别做事必躬亲的专权者　第三章

自己能力出色，或者有意和领导过不去，那么领导者要严厉警告，下不为例。

总之，一旦下级发生越权行为，要慎重地根据不同情况，采取不同的方法加以纠正。当然，一般来讲，没有重大的突发事件，领导者还是要把下级的越权消灭在萌芽状态，这样，才能使工作走上正常轨道。

第四章
别误用了激励的手段

　　每个人内心都渴望得到别人的认可,这对自己是一种能力上的肯定。作为管理者,要深刻理解激励的重要性,把激励当做管理的一种有效手段,提高员工的积极性,进而提高企业的效益。激励方式包括物质上的激励和精神上的激励两大方面,管理者需要知道除了提成、奖金之外,员工还需要赞美和支持,需要管理者发自内心的认可。这两者结合起来,就能达到"士为知己者死"的理想效果。

管理者激励的误区

员工不好好表现的原因，主要在于缺乏适当的激励。对管理者而言，激励不只是一句口头禅，更不可由于误解激励而采用了无效的方式。

如果管理者不了解激励的真义，没有花时间深入探讨激励的本质问题，那么光凭嘴巴上说说，激励就缺乏真正的有效措施。这种空口说白话的激励，实际上不能激励员工好好地表现。

有些人认为刺激、鼓舞或开一些空头支票来描述未来的远景，便等于激励。有些人认为诚恳或坦诚就是激励，于是把这些与激励有关的东西当做激励看待。更有一些领导用施加压力来激励，短暂地提高绩效，便自以为是好计策。

当然，也有些人知而不行，认为不激励又如何，不料缺乏激励，员工便不好好表现，以致绩效不佳。

绩效不佳的理由很多，包括组织、制度以及管理等方面的诸多问题。然而，大家很容易把责任推给"沟通不良"或"士气不振"。其中由士气不振又联想到缺乏激励，所以缺乏激励成为众人指责的对象之一。

"不激励不行"似乎是一种大趋势，因为大家公认激励是一种有效的驱策力，可以激发员工努力工作，尽量好好地表现。没有激励机制的公司，下属懒洋洋的，管理者自己心里也不好受。

缺乏激励可能产生的不良现象，如士气低落，员工流动率过大，彼此间漠不关心，大家厌烦工作等，种种因素加在一起，就会造成绩效不佳的可怕结果。

有了激励，大家就忍不住要明争暗斗。如今有奖有惩，大家更是"输人不输阵"，奋力向前。激励的气氛越浓厚，明争暗斗的较劲也更剧烈。激励的用意，原本是改善组织的气氛，使成员互相了解，保持稳定的工作步伐，彼此协调，在合作中创造良好的绩效。然而，欠缺公平的激励，可能导致成员互相猜忌，甚至怨声载道，反而得不偿失。

得不到奖赏的人，大多有不平之感。任何激励措施，都不可能不分等级一律给予同样的奖赏，因为通常都有奖固然皆大欢喜，却也丧失了激励的预期效果。一旦分等级给予不同的奖赏，又会马上引起大家不平的感觉，弄得人心不愉快，情绪不稳定，产生很大的反效果。

得到奖赏的人，毕竟是少数的。往往有这种情况，得到奖励的下属，认为这是自己努力的报偿，心里不感激；得不到奖励的下属，可能居于多数，他们则认为遭受到了不公平的待遇，心里不服气。这些反应，往往抵消了激励的作用，不可不慎。

有时，激励往往走入以下误区。

1. 误以为忠诚度等同于承诺

要掌握员工对公司承诺的程度，除了员工留职率，公司还必须测量员工的生产力、创意以及态度。

2. 误以为薪资是所有问题的答案

优厚的薪资当然重要，但是许多其他的事物同样是激励员工的

91

要素，例如奖赏公平、工作具有发展性等。

3. 误以为公司给的就是员工想要的

不同员工能被激励的方式不同，例如年轻工作者比较重视拥有自主权及创新的工作环境，中年工作者比较重视工作与私生活的平衡及事业发展的机会，老年工作者则比较重视工作的稳定性及分享公司的利润。公司不要以相同的方式激励所有的员工，在拟定激励计划前，应先花时间了解员工之间的不同。

4. 误以为满意度等同于承诺

实际上，公司应该与员工共同讨论整体的策略，把宝贵的资源运用在解决系统性的问题上，而且员工也必须负起尽力配合的责任。

5. 时机不佳时便收手

激励员工对公司承诺，是公司策略级的重要议题，不要只因为预算不足，就轻易把公司当初想达到目标的手段通通砍掉。

6. 只做表面功夫

如果公司激励员工承诺的方式，不影响公司原本作决定或分享信息的方式，或者只有少部分的人积极投入，其他人都只等着事情改变；或者不需要评估分析成果；或者公司的管理者或员工，都不需要有任何牺牲，那么公司的激励方式，很可能只是在做表面功夫。

用激励给员工增添动力

在管理者的日常管理中，普通员工占大多数，他们同管理者一样肩负着重任。如果没有他们的辛勤工作，企业就不可能兴旺发达。调动他们的工作积极性可以说是管理工作的重中之重。

然而有时候，在这些员工与管理者之间却存在着很深的隔阂。员工认为自己的工作吃力不讨好、单调乏味、毫无前途，自己又何必卖力干呢。而在上级眼里，这些员工的技能低、流失率高、职业道德差，所以根本不值得花精力培养他们。

在企业中，普通员工中普遍存在的消极行为共有 7 种类型：1. 未能达到最低的工作要求；2. 对别人和自己缺乏尊重；3. 不能界定自己的职责；4. 合作精神差；5. 沟通水平低；6. 行为情绪化；7. 对工作的承诺较低。

许多管理者和培训师最经常提到的一句话是"他们缺乏职业道德"。但是实际上并非如此，大多数普通员工非常渴望在工作中有所建树，并且希望其工作表现能有助于个人发展。虽然大家都表示希望通过工作来改善生活和发展事业，但受访人群却认为，就现有的工作而言，即便做得再好也是徒劳无益。

是什么原因使这些普通员工放弃自己的目标、工作表现较差甚至不达标呢？调查结果显示，原因大致有几种：1. 同事偷懒不出力；2. 上司压制；3. 不敢胜过同事；4. 员工流失率高；5. 同事间缺乏相互尊重；6. 缺乏上司的赏识；7. 缺乏自我控制。

那么，管理者怎样才能将员工内心的想法转换为工作动力呢？强化工作动机就可以诱发员工的工作热情与努力，改善工作绩效。这里要强调的是管理者所做的一切努力只是一个诱发的过程，能真正激励员工的还是他们自己。

要冲破员工内心深处这道反锁的门，你就必须要好好地谋划一番，建立一个高效的激励系统。

第一，高效且可实施。一个有效激励系统至少要符合下列原则：1. 简明。激励系统的规则必须简明扼要，且容易被解释、理解和把握。2. 具体。仅仅说"多一点"或者说"别出事故"是根本不够的，员工需要准确地知道到底希望他们做什么。3. 可以实现。每一个员工都应该有一个合理的机会去赢得某些他们希望得到的东西。4. 可估量。可估量的目标是制订激励计划的基础，如果具体的成就不能与所花费用联系起来，计划资金就会白白浪费。

第二，有明确的步骤与要旨。一个高效激励系统的建立，会为管理人员省下大量的时间。你再也用不着为员工低效率的工作而担心，也用不着费神向他们解释何谓"主人翁"。因为每个人心中都有一面明镜，成绩是铁的事实，耕耘必有收获。一个有效的激励系统的建立过程大致分为如下步骤：

1. 制订高的工作绩效标准。平庸的人所定的标准是很难产生卓越的成就的，低标准往往会滋生出"自我满足"的不良倾向，高标准也并不意味着高不可攀，主要是要让所有的员工明白自己目前的工作不是最优秀的，没有什么了不起。

2. 建立起准确、可行的工作绩效评价系统。工作绩效的评价，必须着重于工作规范与工作成果的评价标准。标准的制订一定要符合实际，依据工作目标，对员工进行考核。同时这种标准一定是针对团队而非特意为某个人订立的。当工作策略有变更时，注意要重新检查、核对绩效评价标准。而且，只要有必要，就必须一一再做检查、核对。

3. 训练对工作绩效的评价技巧以及与各级管理者上情下达的沟通艺术。绩效评价的效果如何是直接与员工的薪金、报酬挂钩的，这是个非常敏感的问题，所以你必须要注意这里的艺术与技巧。管理者的行为举措的最终目标在于激励，而非激怒，所以绩效评价也应该是往积极的方向努力。对于优秀的工作绩效，除了对员工进行赞美、褒奖之外，更关键的是让他明白组织对他的重视与珍惜，从而使他产生一种神圣的使命感。对于低的工作绩效，必须给予批评，但必须是善意的、建设性的，是就工作而言，而非人身攻击。

4. 制订一个范围较宽的提高工作绩效的指标，这会使激励系统更具有可行性。这些指标将会使所有的人立刻意识到存在的不足与改进的方向，学会自我绩效的管理。

5. 将奖励与工作绩效紧密相连。管理者要使员工深切体会到两者关系的密切。对员工绩效的评价最终都应在奖励上找到对应的坐标，哪怕奖励是微不足道的，也要"始终不渝"地进行。因为这样做，会使员工认识到确实有什么东西值得自己去努力一番。

管理者要知道的激励方式

每个管理者手下都要有些骨干，来替自己顶大梁。如何调动呵护业务骨干的积极性是管理者必须具备的一种手段，管理者要巧妙地利用各种方法手段，来刺激业务骨干的积极性；否则，事倍功半，缺乏成效，还会使彼此之间关系恶化。

对于管理者来说，所用之人如能全力以赴，完成工作任务，甚至激发无限潜力，一个人能干三个人的活儿，是最理想不过的了。这不是不可能做到的，只要你善于激励，充分调动起业务骨干的热情和干劲，便能做到这一步。激发"尖兵"的积极性，手段多种多样。

第一，工作激励。工作激励主要指工作的丰富化。工作丰富化之所以能起到激励作用，是因为它可以使"尖兵"的潜能得到更大的发挥。工作丰富化的主要形式有以下 3 种。

一是在工作中扩展个人成就，增加表彰机会，加入更多必须负责任和具有挑战性的活动，提供个人晋升或成长的机会。

二是让"尖兵"执行更加有趣而困难的工作，这可让"尖兵"在做好日常工作的同时，学着做更难做的工作。可以鼓励业务骨干上夜校去提高自己的技能，从而能胜任更重要的工作。做更困难的工作，给他展示本领的机会，这会增强他的才能，使他成为一个有价值的"尖兵"。如果一位"尖兵"在工作中不断得到发展，那么他往往是一位奋发、愉快的下属，其创造力、聪明才智会得到充分发挥。

三是给予真诚的表扬。当"尖兵"的工作完成得很出色时，要恰如其分地给予真诚的表扬，不要笼统地用"谢谢你做出了努力"这样的评语，而应具体、有针对性，可以说"你管你那帮人的方法真妙，我真不明白你怎么能让那帮人干得这么出色，接着好好干吧"，这将有助于满足"尖兵"受人尊重的需要，增加干好本职工作的自信心。

第二，工资激励。所有"尖兵"都希望自己能从工作中获得满足。工资待遇是满足其生存需要的重要手段。有了工资收入，不仅感到生活有保障，而且又是社会地位、角色定位和个人成就的象征，具有重要的心理意义。

第三，奖金激励。奖金是超额劳动的报酬，设立奖金是为了激励"尖兵"超额劳动的积极性。在发挥奖金激励作用的实际操作中，应注意以下3点。一是必须信守诺言，不能失信于"尖兵"。失信一次，会造成千百次重新激励的困难。二是不能搞平均主义。奖金激励一定要使工作表现最好的"尖兵"成为最满意的人，这样会使其他人明白奖金的实际意义。三是使奖金的增长与公司的发展紧密相连，让"尖兵"体会到，只有公司兴旺发达，才有自己奖金的不断提高，而"尖兵"的这种认识会收到同舟共济的效果。

第四，竞争激励。人们总有一种在竞争中成为优胜者的心理。组织各种形式的竞争比赛，可以激发人们的热情。比如，各技术工种之间的操作表演赛，各种考察业务骨干个人的技能、智能、专长的比赛，以及围绕业务骨干的学习、工作等开展的各项竞争比赛。这些竞争比赛，对业务骨干个体的发展有较大的激励作用，其表现在两方面：1，能充分调动业务骨干个体的积极性，克服依赖心理。由于竞争以个体为单位，胜负完全取决于自己的努力和聪明才智，没有产生依赖心理的条件，因此，能激励业务骨干个人更加努力；2，能充分发挥"尖兵"个体的聪明才智，促使"尖兵"个体充分发展。"尖兵"在竞争过程中，要完成各种任务，克服各种困难，这就促使他们努力学习、思考，千方百计地去提高和完善自己。

第五，强化激励。强化包括正强化和负强化两种方式。对于人们的某种行为给予肯定和奖赏，使这个行为巩固与保持，这就叫正强化。对"尖兵"正确的行为、有成绩的工作，就应表扬和奖励，表扬与奖励就是正强化；相反，对一些行为给予否定和惩罚，使它减弱、消退，这叫负强化。强化激励，可归纳为如下四字口诀：

奖罚有据，力戒平均；

目标明确，小步渐进；

标准合理，奖惩适量；

投其所好，有的放矢；

混合运用，奖励为主；

趁热打铁，反馈及时；

一视同仁，公允不偏；

言而有信，诺比千金。

第六，支持激励。在公司里工作的人们可以明显地感觉到，对一个职工来说"我批准你怎样做"与"我支持你怎样去做"，两者的效果是不同的。一个好的公司管理者，应善于启发"尖兵"自己出主意、想办法，善于支持"尖兵"的创造性建议，善于集中"尖兵"的智慧，把"尖兵"头脑中蕴藏的聪明才智挖掘出来，使人人开动脑筋，勇于创造。管理者要爱护"尖兵"的进取精神和独特见解，爱护他们的积极性和创造性。创造一种宽松的环境，比如信任"尖兵"，让他们参与管理，没有什么能比参与做出一项决定更有助于满足人们对社交和受人尊重的需要。因此，出色的管理者，应让"尖兵"参与制订目标和标准，这样他们会更加努力，发挥出最大潜能。

第七，关怀激励。得到关心和爱护，是人的精神需要。它可以沟通人们的心灵，增进人们的感情，激励人们奋发向上，挖掘人们的潜力。作为一个管理者，对全体员工应关怀备至，创造一个和睦、友爱、温馨的环境。管理者和下属生活在团结友爱的集体里，相互关心、理解、尊重，会产生兴奋、愉快的感情，有利于开展工作。

总之，激励的具体手段可以不拘一格，重要的是，要明白"拉"的目的和意义，拿捏好"拉"的分寸，这样，就能以四两之力拨动千斤，把一个个能力超强的骨干人才管得服服帖帖。

别违背了这些奖惩原则

管理者应当掌握哪些奖惩原则呢？

奖励的原则

奖励，是指对某种行为进行奖赏和鼓励，促使其保持和发扬某种作用和作为，奖励的方法是多种多样的，一般分为物质奖励和精神奖励，以及两种奖励的结合。物质奖励满足人们的生理需要，精神奖励满足人的心理需要。为了增强奖励的激励作用，实行奖励时应注意下列技巧性问题。

第一，物质奖励和精神激励相结合。

进行奖励，不能搞"金钱万能"，也不能搞"精神万能"，应当把物质奖励和精神激励相结合。

第二，创造良好的奖励气氛。

要发挥奖励的作用，就要创造一个"先进光荣，落后可耻"的气氛。在获奖光荣的气氛下奖励，能使获奖者产生荣誉感，更加积极进取；未获奖者产生羡慕心理，奋起直追。而在平淡的气氛下奖励，降低了奖励在人们心目中的地位，很难发挥激励作用。

第三，及时予以奖励。

这不仅能充分发挥奖励的作用，而且能使职工增加对奖励的重视。过期奖励成了"马后炮"，不仅会削弱奖励的激励作用，而且可能使职工对奖励产生冷淡心理。唐代著名的政治家柳宗元认为"赏务速而后有劝"，他主张"必使为善者，不越月逾时而得其赏，则人勇而有焉"。他说的"赏务速"就是奖要及时的意思。同时，奖励要及时兑现，取信于民。"信"是立足之本，言而无信，当奖不奖，职工就会感到受骗，从而产生反感情绪。

第四，奖励要考虑受奖者的需要和特点。

奖励只有能满足受奖者需要，才会产生激励作用。因此，奖励者应注意摸清受奖者需要什么，不需要什么，根据不同需要给予不同奖励。

惩罚原则

惩罚的作用在于使人从惩罚中吸取教训,消除某种消极行为。惩罚的方法也是多种多样的,如检讨、处分、经济制裁、法律惩办等。惩罚作为一种教育和激励手段,本来是一般人所不欢迎的,因为它不是人们的精神需要,如果掌握不好,则容易伤害被惩罚者的感情,甚至受罚者为之耿耿于怀,由此消极和颓唐下去。但是,只要我们讲究惩罚的艺术性,不仅可以消除惩罚所带来的副作用,还能够收到既教育被惩罚者又教育了别人,化消极因素为积极因素的效果。实行惩罚要注意以下几点。

第一,惩罚与教育相结合。

惩罚的目的是使人知错改错,弃旧图新,因此,要把惩罚和教育结合起来。这个结合的常用公式是"教育—惩罚—教育"。就是说,首先,要注意先教后"诛",即说服教育在先,惩罚在后,使人知法守法,知纪守纪。这样做可以减少犯错误和违纪行为,即使犯了错误,因为有言在先,在执行法纪时,也容易认识错误,乐于改正。如果不教而"诛",则人们就会不服气,产生怨气。其次,要做好实施惩罚后的思想教育工作,使他正确对待惩罚,帮助他从犯错误中吸取教训,改正错误。

第二,一视同仁,公正无私。

惩罚对任何人都要一视同仁,要以事实为依据,以法律为准绳,不能感情用事。对同样过错,不能因出身、职位、声誉和亲疏缘故而处理不一,表现出前后矛盾,甚至轻错重处,重错轻处。这样的惩罚只会涣散人心,松懈斗志,毫无激励的价值。

要做到公正无私,首先要"惩不畏强",不能欺软怕硬,惩弱怕强。要敢于碰硬，特别对于那些逞凶霸道、蛮不讲理之徒，要拿出魄力，看准"火候"，敢于惩治那些害群之马。这样做，能够警醒一批协从者，教育一些追随者，使广大正直的人们为之拍手称快，干劲倍添。其次，要"罚不避亲"。要做到"亲者严，疏者宽"，对于亲近者的过错更要果断而恰如其分地处理，不徇私情，必要时要"大义灭亲"。只有这样，才能赢得群众的拥护，从而激起人们的工作热情。

第三，掌握时机，慎重稳妥。

一旦查明事实真相就要及时处理，以免错过良机，造成更大危害。适时是指掌握恰当的时机，瞄准火候。什么是惩罚最佳火候呢？其一，事实已查清，问题性质已分清；其二，当事人已冷静下来，对问题有所认识；其三，其错误的危害性已为群众所意识到。具备这三个条件，就是惩罚的恰当时机。这三个条件要靠惩罚者去创造，不能消极等待时机。惩罚，还应注意稳妥，不能一味蛮干，有的适当放一放，以免激化矛盾。特别是对一个人的首次惩罚，更要慎重稳妥，要十分讲究方式、方法。当然，也不能久拖不行，否则，时过境迁，就会降低惩罚的效果。

第四，功过分明。

功与过是两种性质完全不同的行为要素。功就是功，过就是过，不能混同，也不能互相抵消。因此，在实施激励时，有功则赏，有过必罚，功过要分明，绝不能因为某人过去工作有成绩或立过功，而对他所犯的错误姑息迁就，搞所谓以功抵过。这样做对他自己、对集体都没有好处，只有害处。同样，也不能因为一个人有了错误，而一笔抹杀他过去的成绩，或对他犯错误后所做的成绩不予承认、不予奖励。这样做也是不利于犯错误者进步的。对于一个人犯错误以后做出的成绩，更应注意给予肯定和奖励，这样才能使他们看到自己的进步。

你懂得如何赞美吗

常言道："十句好话能成事，一句坏话事不成。"赞美、恭维的话人人都爱听，这是人们的共同心理。恰如其分的赞美肯定会让别人精神愉悦，赢得他们的信任和好感。

1921年，当查尔斯·史考伯成为美国钢铁公司的第一任总裁时，他就得到了100万美元的年薪，钢铁大王卡内基为什么肯给他如此高薪？史考伯说，他得到这么多的薪水，主要是因为他跟人相处的本领。"我认为，我那能把下属鼓舞起来的能力，是我拥有的最大资产。而使一个人发挥最大能力的方法，就是赞赏和鼓励！"他说，"再没有比上司的批评更能抹杀一个人的雄心了，我从来不批评任何人。我赞成鼓励别人工作，因此我急于称赞，讨厌挑错。如果我喜欢什么的话，就是我诚于嘉许，宽于称道。"

管理者应当找出下属的优点，给他们诚实而真挚的赞美。他们必定会咀嚼你的话语，把它们视为珍宝，一辈子都在重述它们——即使你忘了他们之后，也许他们还在重复着。所以请记住这条原则，热情、真心地赞美下属、欣赏下属是管好下属的妙招。

年利润 10 亿美元的美国玛丽·凯化妆品公司经理玛丽·凯说过："有两件东西比金钱更为人们所需要——认可和赞美。"金钱可能是调动下属积极性的有力工具，但赞美可能更有力，因为它唤起了下属的荣誉感、责任感和自尊心，下属的价值得到了认可和重视，会产生"士为知己者死"的神圣感情，他们会更加努力地工作，然而它的"成本"却十分"低廉"，所以说赞美不但是一种最好的，而且是花费最少、收益最大的管理方法。

实际上，每个人都渴望得到别人的认可和赞美，无论是身居高位的人，还是地位卑微的人；无论是刚进公司的年轻人，还是即将退休的老员工，概莫能外。人们普遍地容易接受那些赞美他们优点的人。

知道了赞美的巨大力量，管理者就应该不吝惜赞美，不妨自然大方地赞美下属，只要发现工作突出，立刻不失时机地给予赞美，不见得非是干出惊天动地的大事。对提批评意见的下属，即使提的不正确，也可以赞美他对公司的责任感。如果留心，就会发现每个下属都有优点，都值得赞美。

同时，管理者在赞美时，注意要以非常公开的方式对下属进行表扬。一位外国企业家说："如果我看到一位下属杰出的工作，就会冲进大厅，让所有其他下属都看到这个人的成果，并且告诉他们这种工作的杰出之处，这样也可以当做激励机会。"这是一个很好的导向，每个下属要想获得赞美，必须好好地工作。

另外，赞美下属要注意真诚和客观，要发自内心地赞美下属，语言、表情是很严肃认真的，不能给下属以造作之感。赞美本身虽是好意，但不着边际、无关痛痒的赞美不会产生积极的效果，只有下属应该得到赞美的时候才赞美，下属心中才会感到无限喜悦。当事人认为自己不值得赞美而被赞美时，其效果往往是相反的。

别让称赞没有激励效果

管理人员都很清楚，适当地称赞不但令下属获得"尊重的需要"，而且能够提高下属的工作意愿。但是，什么样的称赞不适当？什么样的称赞才算是适当？换句话说，什么样的称赞才能形成激励的效果呢？

首先我们来看那些激励效果不好的称赞，看看这些称赞都有什么漏洞。

1. 空泛而不着边际的称赞。例如："老张，你的工作表现好极了！"这类抽象式的称赞因为没有什么实质意义，所以很难产生激励的效果。

2. 不附加理由之称赞。上一实例中管理者只称赞下属工作表现极好，而不进一步说明它之所以值得称赞的原因，这一类称赞可能令下属觉得管理者言不由衷。

3. 对人而不对事的称赞。例如："你真是一位天才演说家。"这种对人的本身所加以的称赞，往往因其夸张，而容易让被称赞者感到恶心或肉麻。

4. 针对期望中的工作表现或工作绩效而加以的称赞。倘若管理者只对期望中的工作表现或工作绩效加以称赞，则可能令下属误以为管理者所真正要求的工作水平，较期望中的工作水平为低。

5. "三明治"式的称赞，即"称赞/批评/称赞"，通常不会产生良好的激励效果。为了让下属较容易接受批评，许多管理者在批评之前往往先对下属施以称赞。而且为了避免因批评而产生不良情绪，他们在批评之后又对下属施以称赞。这种方式之称赞，可能令下属怀疑管理者称赞的居心不良。

6. 当下属觉得称赞只不过是为促使他们加倍努力的一种手段时，这种称赞将大大地丧失激励作用，因为在下属心目中，这种称赞只不过是一种"软性的鞭策"，而非真心的表扬。

7. 只当自己的上司在场时，才对下属加以称赞。这种称赞很容易被下属视为别有用意。

8. 值得称赞事迹的发生时间与称赞时间，其间的差距越大，则称赞的激励效果越小。

下面我们来看看激励效果较好的称赞。

1. 具体的与特定的称赞。例如："老张，今天上午你对前来投诉的顾客，处理方式极为得体。"这类具体兼特定式的称赞，使被称赞者极易接受。

2. 附加理由之称赞。上一实例中管理者若能继续以"我之所以认为你的处理方式极为得体，是因为你极具耐性地接纳投诉、委婉地解释补救措施，以及征询顾客的意见"之类的话语作为称赞的理由，则下属将因此而体会管理者的诚意。

3. 对事而不对人的称赞。例如："你今天所选择的演说题目，正是听众所感兴趣的。"或是："你在今天的演说中，对维护工业安全的主张颇为中肯。"这种对事所加以的称赞较具客观性，因此也较易令被称赞者欣然接纳。

4. 只针对杰出的工作表现或绩效才施以称赞。这种杰出的工作表现或工作绩效，显然要较期望中的工作表现或工作绩效优越，因此针对杰出的表现或绩效施以称赞，将令被称赞者获得更大的成就感。

5. 不夹杂批评的称赞较为可信，且较具激励效果。

6. 纯粹因为值得称赞而施以的称赞，被称赞者最乐于接受，因为这种称赞是不附带条件的。

7. 在值得称赞的时间即施以称赞，而不处心积虑地选择场合，这样的称赞较得人心。

8. 实时称赞的效果较佳，这与"趁热打铁"的道理是一样的。

通过以上的对比，管理者应该了解了不同称赞所带来的不同激励效果。在日常的管理中，称赞不能随意，一定要以产生效果为目的，切实让员工感受到来自管理层的肯定。

大奖明奖，小奖暗奖

业务骨干做出一些令管理者引以为荣的事情，这时管理者应及时给他们喝彩，调动业务骨干的积极性，让他们更加努力地干好每件工作。否则，业务骨干的努力得不到管理者的赞美、肯定，那么他们还会努力地为你工作吗？你还有什么成绩可谈？上司又会对你有什么样的看法呢？

美国有一家有限公司是发展迅速、生意兴隆的大公司，这个公司办有一份深受业务骨干欢迎的刊物《喝彩·喝彩》。《喝彩·喝彩》每月都要通过提名和刊登照片对工作出色的员工进行表扬。

这个公司每年的庆功会更是新颖别致，受表彰的业务骨干于每年8月来到科罗拉多州的维尔，在热烈的气氛中，100名受表彰的业务骨干坐着架空滑车来到山顶，颁奖仪式在山顶举行，庆功会简直就是一次狂欢庆典。然后，在整个公司播放摄影师从头到尾摄下的庆功会全过程。工作出色的业务骨干是这种欢迎、开心和热闹场面中的中心人物，他们受到大家的喝彩，从而也激励和鼓舞全体业务骨干奋发向上。

美国一家纺织厂激励业务骨干的方式也很独特。这家工厂原来准备给女工买些价钱较贵的椅子放在工作台旁休息用。后来，老板想出了一个新花样，规定如果有人超过了每小时的生产定额，则在一个月里她将赢得椅子。奖励椅子的方式也很别致，工厂老板将椅子拿到办公室，请赢得椅子的女工进来坐在椅子上。然后，在大家的掌声中，老板将她推回车间。

美国的一些公司，就是这样以多种形式的表扬和丰富多彩的庆祝活动，来激发业务骨干的积极性和创造精神。

这两家公司都能注重运用荣誉激励的方式，进一步激发业务骨干的工作热情、创造性和创新精神，从而大大提高了工作的绩效。荣誉激励，这是根据人们希望得到社会或集体尊重的心理需要，对于那些为社会、为集体、为公司作出突出贡献的人，给予一定的荣誉，并将这种荣誉以特定的形式固定下来。这既可以使荣誉获得者经常以这种荣誉鞭策自己，又可以为其他人树立学习的榜样和奋斗的目标。因而荣誉激励具有巨大的社会感召力和影响力，能使公司具有凝聚力、向心力。

凡是有作为的公司管理者无不善于运用这种手段激发其下属的工作热情和斗志，为实现特定的目标而作出自己的贡献。

业务骨干工作勤恳卖力，使老板的公司蒸蒸日上。业务骨干为你的事业作出了突出贡献，那么作为管理者，你千万不要吝惜自己的腰包，要不失时机地给他们以金钱奖励，大奖明奖，小奖暗奖，让他们感觉到，自己的努力没有白费，多付出一滴汗水就会多一分收获。

奖励可分明奖及暗奖。我国公司大多实行明奖，大家评奖，当众发奖。

明奖的好处在于可树立榜样，激发大多数人的上进心。但它也有缺点，由于大家评奖，面子上过不去，于是最后轮流得奖，奖金也成了"大锅饭"。

同时，由于当众发奖容易产生忌妒，为了平息忌妒，得奖者就要按惯例请客，有时不但没有多得，反而倒贴，最后使奖金失去了吸引力。

外国公司大多实行暗奖，管理者认为谁工作积极，就在工资袋里加钱或另给"红包"，然后发一张纸说明奖励的理由。

暗奖对其他人不会产生刺激，但可以对受奖人产生刺激。没有受奖的人也不会忌妒，因为谁也不知道谁得了奖励，得了多少。

其实有时候管理者在每个人的工资袋里都加了同样的钱，可是每个人都认为只有自己受了特殊的奖励，结果下个月大家都很努力，争取下个月的奖金。

鉴于明奖和暗奖各有优劣，所以不宜偏执一方，应两者兼用，各取所长。

比较好的方法是大奖用明奖，小奖用暗奖。例如年终奖金、发明建议奖等用明奖方式。因为这不易轮流得奖，而且有据可查，无法吃"大锅饭"。月奖、季奖等宜用暗奖，可以真真实实地发挥刺激作用。

当每个员工都想成为业务骨干的时候，你就能管好手下这帮人了。

别给员工迟来的奖励

有时候，你的员工想要的就是你的一句鼓励的话、一杯咖啡、一朵花或一个笑容所承载的激励和肯定。这么简单的要求，作为管理者的你何必吝啬呢？但是，有的管理者却没有做到，或者不能说是他吝啬、"忽视"可能会更恰当。作为一个团队的领导者，你怎么能忽视你的员工的需要呢？

作为一个管理者，应当时刻把自己的注意力放在你所领导的团队员工的工作上，这是很重要的。因为，在这个团队里，你是领导者，你的关注很重要。对于团队成员所完成的杰出工作，你更应当给予充分的关注，时刻给予肯定。

由于管理者并没有注意到他应该注意的东西，因此，员工可能会形成这样一种想法："我们真的没有必要这么做，也没有必要对工作付出这么多，稍微降低一点工作质量也无所谓的，毕竟上司的反应都是一样的。"就这样，在不知不觉中，你的团队的工作业绩就开始下降。究其原因，都是你的错——没有及时表扬！

假如员工抱怨你的表扬不及时情况属实，你就不能责怪他们的急功近利，因为这是一个正常的员工所做出的合理反应。试想一下，如果你的上司对你团队优秀的工作表现视若无睹，好像那些优秀的表现并没有发生过似的，你又会有什么感想？大概不会很高兴吧！推己及人，大家都一样，要宽恕他人，特别是和你一起工作的员工，他们是你真正的工作伙伴。

你现在应当做的是，在一个大会上从适当的角度提出你的看法："由于我们员工的努力工作，我们的团队取得了巨大成就，这一切都是大家的功劳。我知道大家为了做好自己的工作，为了我们的团队很辛苦，这一切我都看到了，真的谢谢你们，比如说我们的杰尼和梅隆。当然，我们的每一个员工都很优秀！"

或许，最后一句无关痛痒的话听起来是废话，但是，这样做却可以使你在表扬杰尼和梅隆的同时，也照顾到了大家的情绪。

这样的补救方法看起来比较拙劣，但却很有用，大家已经认识到你对他们工作的关注，你已经取得了你的员工的信任，如此之后，你在后来所要做的就是改进激励方式了。

正确做法：

有的管理者可能会认为，对自己的员工表扬过多会对团队有不

别误用了激励的手段　第四章

111

良影响，员工如果得到过多的表扬，就会自我陶醉，就会对自己的工作有所放松，实际上这种担心是多余的。如果你用一个明确的标准衡量员工的工作，就根本没有必要为这种事情的发生而担心。因为最后评价工作是否合要求的是固定的标准，而不是你的结论。相反，你的表扬只会使员工更加投入，做出更好的工作，而绝对不会有懈怠情绪，因为有标准在督促着他们。

要想做到及时地给予员工奖励，你可以注意以下几个方面。

对员工的表现多加关注，特别留意优秀的工作，记住是优秀的工作，而不是员工。如果你记得的话，前面我们说过，表扬的对象是行为而不是人！你可以提名对某人进行奖励，或给他某种荣誉称号，抑或以某种方式对他的行为给予肯定。如果你总想发现员工的出色工作，你就必须时刻睁大眼睛注意着，以便你的员工在做出很好的工作时，能得到及时的表扬。

这好像是一件很单调的事儿，但的确如此。表扬的方式要多样化，如你可以请表现很好的员工喝杯咖啡，也可以送去一个鼓励的笑容。总之一定要多样化，不要让员工认为你只用一种表扬的方式，这样也会打击员工的积极性。日本的狮子公司曾给员工的奖励方式是当场给现金支票。不得不承认，如果没有别的考虑的话，物质奖励的魔力还是很大的，但这当然不能作为唯一的奖励方式。

不要等着公司提出正式奖励时你才对员工奖励，随时注意你的团队中好的工作表现并对此提出表扬。很多时候，公司的表扬制度导致了表扬的推迟。等那些表扬到来的时候，它们已经失去了表扬的鼓励意义。面对这种情况，你可以在办公室的墙壁上挂上一个奖励簿，上面记录的都是你的员工的优异表现。这些表现可以由员工自己写上去，也可以由他人写上去，等到工作得到了管理层的全部认可后，再正式给予实质性的奖励。

当然，你应当经常翻看一下奖励簿，并且经常性地对奖励簿中所记载的事项进行核实，表现出很大的关注，并对经你确认的优秀工作者做出及时的表扬。无论这些奖励多么简单，有时候甚至只是一句话："嗨，大家辛苦了，我认为我们应该得到上帝的奖赏，我们实在是太优秀了!"这样也会起到意想不到的效果。

著名的管理人汤姆·皮特曾经说过："一个优秀的管理者的工作之一，就是应当去做好拉拉队长。"他的意思是说，一个好的管理者应当时刻注意他的员工的工作表现，并给出及时的表扬，对好的、合理的建议提出者必须给予奖励，而且奖励需要及时，否则会产生"满足不满意"。在奖励的时候，不要搞什么"吊胃口"，因为在多数情况下，大家主要不是为了物质，而是在寻找一种精神的满足。

及时的奖励对没有得到奖励的员工也是一种刺激。因为没有得到奖励的员工明白，他的好想法或优秀表现也会得到奖励，这将会大大地刺激其他员工，激发他们的思维。

要记住，奖励中最重要的一条是，绝不能拖，因为迟到的奖励就是没有奖励!

不要忽视激励的负面效应

管理者们对激励在人力资源开发中的正面作用总是充分肯定的，而对激励中可能出现的负面效应，往往缺乏深刻的认识。其实，激励的价值形态有 3 种：一是正价值，二是零价值，三是负价值。所谓负价值是指激励的结果，不仅未激发被激励者的积极性，反而使其滋生了不良心理和行为，例如被激励者物质欲望的膨胀、被激励者与其他人员的对立，相关人群的积极相处、受挫等。如何认识和消除激励的负面效应，是一个理论性和实践性并重的现实课题。

激励点太集中引起的负面效应

许多组织拥有特殊的"明星"，其集"万千宠爱于一身"，享有劳工模范、先进工作者、改革标兵等诸多荣誉，特殊津贴、工资晋级、奖金、各种福利等也少不了他们，且往往是一旦成名，便终身拥有。不可否认，这样的人物是组织名牌战略的一个重要组成部分，对塑造企业形象具有十分重要的意义。但独木难支，成功者的背后必定有许许多多的幕后英雄在默默奉献，组织的发展毕竟要靠全体成员，殊荣独享的结果必然会影响众人划桨的热情。

另外，激励的目光不要总盯住先进的一群人。任何组织中的人群都有左、中、右之分，而且往往是中间大两头小的"橄榄形"结构，如果忽略了中游人物和落后者，将严重影响组织的全面进步。因此，也应关注中游人物和落后者，要能敏锐地感觉到他们的进步，用适当的方式肯定他们的进步。他们也许达不到晋级、加工资、表彰等正式的大奖，也可以用一些灵活的方式来激励。如领导者以个人的名义邀请他们一起吃顿便饭、送点小礼品、让其参加较为重要的工作等。

总之，激励要符合正态分布的原则，不能过分集中在极少数人身上，避免出现多者拥有得愈多、少者拥有得愈少的"马太效应"，以免冷落了众人，影响众人的积极性。管理者要在抓重点的同时兼顾一般，要关注各类人群，对不同的对象灵活地采用各种激励方式。唯有如此，才能调动组织全体人员的积极性，促进组织的全面发展。

激励面太宽引起的负面效应

目标激励、参与激励和关怀激励当然是越广泛越好，而报酬激励和荣誉激励却不宜层面太宽，否则会产生一系列负面效应。

报酬激励和荣誉激励的层面太宽有 3 点副作用：

一是增加了组织的管理成本。众多的组织成员被奖励，且奖励额要使被奖励者有满足感，仅纯物质的报酬激励已使组织的花费相当可观，再加上与荣誉激励相配套的物质奖励，使得许多组织难堪重负。

二是降低了激励的成效。得奖的面越广就意味着奖励标准越低，甚至会使人觉得许多被奖励者是被人为"拔高"，让人看低奖励的价值。因此，众多被奖励者的感觉仅仅是喝了一碗"大锅粥", 如此激励充其量只起到赫兹伯格所称的 "保健因素" 的作用。

三是容易形成对立面。奖励的面越广就越会使未被奖励者越孤立, 对其批评和惩罚的含义也就越明显。这种方式很容易伤人自尊心, 使人产生逆反心理, 甚至可能产生对立情绪, 使未被奖励者与组织对立, 与被奖励者对立。在人群素质不高的组织里, 这种副作用尤为突出。

激励的宽度是以有效性为衡量标准的, 应根据情况灵活掌握。如果组织的财力有限, 就相应缩小奖励幅度, 确保部分重点。如果组织的财力雄厚, 则可选择设立基本奖 (保健因素), 再为少数人设立等级奖 (激励因素)。如果组织里的大多数成员确实很优秀, 可以授予集体奖, 而不宜大面积地表彰个人。

激励的宽度是否恰当, 可用 3 个标准来衡量, 其一是否调动了真正优秀者的积极性; 其二是否能调动大多数成员的积极性; 其三是否打击了未被奖励者的积极性。

激励频率太高、高度太大引起的负面效应

一本再精彩的书如果天天看, 也会变得平淡无奇。对成员的激励也是如此。激励的频率太高反而会使人因反复刺激而麻木, 对所得到的奖励并不特别在意, 反而产生思维定式, 一有点成绩就等着 "奖赏", 得不到奖赏就没精打采, 进而可能改变工作的动机, 将获奖作为工作的核心动机, 逐步淡化奉献意识, 将工作当成与组织讨价还价的资本。

实施激励也是有科学性和艺术性的, 激励不是为了 "完全满足" 相关对象, 而仅仅是提供 "部分满足"。因此, 激励太频, 强

度太大会产生3种不良后果：

一是刺激了被激励者的胃口，人的欲望是无穷的，而凭大部分组织的现有实力是无法全面满足的。二是会使被激励者产生不安的心理，担心领了重奖便会产生人际关系的不平衡。三是增加了组织的管理成本，使许多资金本来就较紧张的组织背上了新的包袱。

时下一些组织盲目"跟风"、搞巨额"重奖"，结果是被奖者不敢接受，未被奖者意见颇大。激励也是一种投资，投资的时机和投资的额度都十分重要，要克服"强力投入的激励才能有高额产出"和"激励多多益善"的片面认识，适时适度地投入。

从投入时机来看，应在工作最困难的时候、在最松懈的时候、在最能产生"群体效应"的时候进行激励。从投入的量来看，既要考虑被奖者的贡献，也应考虑其他成员的接受能力，要让被激励者心安理得，让其他人羡慕而非忌妒，最终使组织获得更高的回报。

缺乏一致性引起的负面效应

亚当斯的公平理论告诉我们，被激励者不仅在意自己所得到的绝对价值，更关心相对价值比，也就是与别人获得的相应价值和历史上的相应价值比较。如果自己的所得低于相对价值，就会感到不公平，积极性会大受影响。不一致的表现主要有两种形式：

一是前重后轻，例如因领导人的变更，前任领导者制订的奖励标准被大幅度降低。二是因人而异，相同的成绩分别给予不同的激励，如不计较报酬的人可能被给得少，叫得响的人给得多，或因感情、地位、影响力的不同而"看人下菜碟儿"。

前重后轻给人的感觉是工作的重要性被打了折，成果的价值也打了折，前后一比使人心理不平衡。因此，也就较少有人愿意用不打折的行动，去换得打折的奖励。因人而异的结果是伤害了当事人的自尊心，也打击了众多的普通员工的积极性。客观上不鼓励人们做老实人，等于告诉部下最重要的不是如何工作，而是如何"做人"。

消除不一致的根本办法是尽可能将激励制度化、规范化。要制订出客观标准，对各项指标要量化，对不能量化的内容要建立相应的对照体系。如某项革新能带来多少利润，就按利润的比例提取奖金；如果是精神层面的功绩，则可类推出相当于几等奖，按奖的等级给予奖励。这样就能消除各种人为的因素，确保激励的客观性、公正性、准确性、连续性和稳定性。

物质与精神失衡造成的负面效应

在古典管理时期，人被视为"经济人"，直至霍桑试验后人们才有"社会人"、"自动人"和"复杂人"等更深刻的认识。许多组织在经历了漫长的"精神激励万能"的时期后，却又回归到"物质激励万能"的怪圈，过分迷信物质刺激，做得好就给钱，做不好就扣钱。组织与成员的关系被简化成劳资关系，这就削弱了成员的"主人翁"意识，培养了"雇工意识"，客观上诱发了"多给钱多干活，少给钱少干活，不给钱不干活"的思想。

另一方面，许多组织对高级人才的激励，却又过分偏重于精神激励，物质激励不到位。我们应该肯定精神奖励形式多样、内涵丰富，如各种荣誉称号、上电视、登报纸、当选代表等，确实也满足了人才较高层次的精神需求。但与精神激励相比，物质激励显得苍白无力，无论是政治家、企业家，还是各类技术专家，都很难得到与之业绩相应的物质奖励。

他们听到的常常是"要有奉献精神"之类的要求，和"组织感谢你们"之类的鼓励。精神激励越是热闹，越显得物质激励缺乏力度，"二律背反"的结果会导致部分高级人才心理失重和行为失常。

物质和精神是激励前进的两只轮子，缺一不可，哪一只轮子力度不够都会翻车。那种把普通成员当成"经济人"，把高级管理者当成"精神人"的假设是片面的。激励中一定要两者并进，找准物质与精神的最佳结合点，通过报酬激励、关怀激励、参与激励、表彰激励、信息激励、目标激励等多种方式的立体组合，满足各层次成员的归属感、荣誉感、成就感、安全感和物质需求。

调动员工积极性的几个方法

员工工作积极性的高低，将直接影响到他们的工作结果。每位管理者都应想方设法来调动手下员工的积极性。

第一，激发员工的兴奋点。赢得员工合作的最佳方式之一，是为他们指明一个奋斗的目标和方向。如你能为他们激发一个兴奋点，他们将死心塌地追随你。下面就是一个在极端困难的状况下，如何激发人们的事例。在美国经济处于大萧条谷底的 20 世纪

30 年代，美国一个比较小的宗教组织为了摆脱困境，通过在密苏里州建总部大楼，在信徒中激起了一个兴奋点。结果不但完全由信徒募捐建成了这个大楼，组织也获得了很大发展。但是，总部建好之后，美国经济虽已复苏，教派却很快衰落了。为何会这样呢？因为"大楼"一建成，人们的兴奋点也消失了，他们不再有一个可见的目标去追求，教派领导人没能为追随者找到一个新的可实现的兴奋点。叙述这个非商业的激发兴奋点的例子，是出于两个原因。首先，在你激发的第一个兴奋点的目标已达到后，你必须立即激发起另一个新的兴奋点。其次，目标应是像"大楼"一样看得见的。无形的目标太抽象和不明确，普通成员会视而不见。

第二，让 3 个人做 5 个人的事。最合理的管理是 3 个人做 5 个人的事，领 4 个人的薪水。这是一道最简单的数学题，连小学生都能告诉你正确答案。但这又并不简单，什么样的 3 个人才能做 5 个人的事？什么样的 5 个人做的事 3 个人就能完成？这 3 个人领的又是什么样的 4 个人的薪水？其中大有学问。一般的企业总是 5 个人做 5 个人的事，大家的工作分量不是很重，领的薪水也合乎所求，员工做起事来没什么精神；而管理差一点的企业，5 个人做 3 个人的事，领的却是 4 个人的薪水，一方面造成公司的损失，另一方面员工也会因为这样也是上 8 小时的班，领的薪水少而不开心。所以，如能仔细地规划，将工作分类，职责细分，让 3 个人能够做 5 个人的事，那么企业即使发 4 个人的薪水也划算得多，员工领的薪水多，也有激励作用。

第三，工资低会影响干劲，但工资高未必会提高干劲。许多管理者认为只要提高工资，员工就会认真工作，就会有干劲，受到激励。其实，事情并没有这么简单。使人产生干劲的是促进因素与保障因素。前者有促进作用，令人提高工作成绩；后者虽然发挥不了直接作用，但它可以维持工作士气和效率。两者是地基和房屋的关系。保障因素是地基，它包括工资、雇用保障、工作条件等。如这些条件差，员工的欲望就会急剧下降。寄希望于待遇提高后员工就会努力工作，结果并不一定很好。好不容易将工资提高了，建立了完善的宿舍，工作条件大为改善，但员工干劲仍提不起来，哀叹这种情形的管理者委实不少。因为仅有保障因素而缺乏促进因素仍发挥不了作用。

第四，6分表扬4分批评。要切实履行一个管理者应尽的职责，工作成绩好就表扬，不好就批评。要做到该表扬的当面亲口表扬，该批评的明确给予批评，因为它表明了一个管理者对员工行为的评价尺度。假若员工干得出色，而管理者无动于衷，干得不好管理者也毫无反应，那么，这种麻木不仁的管理者是无法带领员工奔向成功之路的。只有当管理者对员工的所作所为做出明确反应，一个单位才能够有一个蓬勃向上的局面。至于表扬与批评的比例问题，一般认为6分表扬、4分批评效果会更好些。如果批评分量过大，很可能导致消极空气蔓延；而一味表扬，员工则会产生骄气，有时甚至会产生误解，认为管理者在给自己戴高帽，用吹捧的方法来满足大家的虚荣心，久而久之也会引起反感。当然，这还要看一个单位问题的多少、大家的成熟度如何。但是表扬多于批评不失为一条较理想的原则。

第五，"告一段落"之时，与员工共同庆贺成功。当工作告一段落时，如何充分利用新工作开始之前的时间激励士气，是做好管理工作的一门学问。当完成一项计划或工作时，一定要召开总结会，交流成功的经验，提出应该注意的问题，与员工共庆成功，相互激励，这是不可或缺的。这样做一方面可以鼓励员工把下次工作搞得更加出色，另一方面通过相互交流，可以进一步强化同甘共苦的一体感，将成功的喜悦转化成干好新工作的积极性。对个人的工作也可采取同样的办法。例如当委托一名员工去做某项工作时，或在他向未曾尝试过的工作挑战告一段落时，作为一名管理者，应和员工单独谈谈，以增强其迎接下一个挑战的信心。欲使员工充满信心，要充分利用好一项工作刚刚结束，人们正要喘口气时这个关键时机。因为只有这时，才能使一个管理者同员工共同分享成功的喜悦，完成一项工作的满足感，从而可以进一步加强自己同员工之间的信赖关系。

第六，反对者的意见才是珍贵的。一位著名的心理学家对多数与少数意见做过有趣的实验，他选出 8 名大学生做实验。先给大家看长短不同的三根线，再给他们看另一根线，问他们这一根线与三根线中的哪根线同样长。8 人之中 7 位事前商量好了一致答错误的答案，另一位却没有让他参加事前的协调。前 7 个人都照事前讲好的错误答案发言，而让未参与协调的那位最后发言。连续 16 次不同的实验表明，未参与协调的学生有 12 次跟前面 7 个人的错误答案相同或近似。按自己的观察提出正确答案的次数只占 25%，那么，要抵抗多数派，少数派最少要有两名。容易影响人的并不是"什么是正确的"，而是"什么是多数的"。

第七，舍得花时间指导员工。对很多管理者来说，放弃亲自做工作带来的满足感是很困难的事。但是一个好经理不应该只是自己会做什么，而应该是让众多员工都会做。一些管理者往往借口教员工做不如自己亲手做来得快，而放弃对员工的培养。这样做只会把你降低到普通员工的地位，而使你不能承担更大更多的责任。这是得不偿失的，一定要注意克服。

第八，让员工参与决策可以激发他们的积极性。经常发牢骚的人，当他刚加入组织时，不但不发牢骚，还会突然振作起来，很热心地照计划去做。如计划是别人制订的，只让他来实施的话，就很容易使他产生脱离组织的意识。如果不仅让其去实施，并让其参与计划的制订，就能激发其热情，提高生产效率。一些实验证明，参与计划的一方比不参与的一方，其生产效益和工作满足感高。如果自己一个人制订计划，而把员工视为手脚来使唤，虽然乍看效果不错，然而事实上却并非如此。至少要在计划的完成阶段，使员工参与计划，因为人是比较喜欢参与工作而不喜欢脱离工作的。

不要忽视了员工对薪酬的不满

工资是企业付给员工的合理报酬。它应当是公正的，而且应尽可能使员工和企业管理者都感到满意。当上司的您或作为公司的人力资源经理，常常遇到员工在私下抱怨对现有的薪酬不满。那么，如何解决员工对薪酬不满这样的问题呢？

一般可以从以下 3 个方面着手。首先，许多公司的内部薪酬级别之间存在一定的问题。任何公司都必须制订合理的组织结构，由此确定各职位对于公司的相对价值。例如，经理的薪酬水准通常应高于辅助性员工。为什么？因为经理负责促成经营结果。如果薪酬结构中未妥善地明确各职位之间的薪酬水准差异，员工往往会对此产生不满情绪。因此，您需要确保公司具备一个合理的职位评估体系和程序，由此确定各职位之间的相对差异并通过薪酬水准来体现这一差异。

其次，您需要确保公司的薪酬水准具备一定的竞争力。这里所说的薪酬竞争力是指相对市场中同行业的公司而言具有一定的竞争力。大部分公司都确定了一系列的基准匹配公司，这些公司通常是市场上的竞争对手或与贵公司争夺人才的那部分公司。在国内，人们比较容易了解朋友或家属在其他公司所获得的薪酬水准。因而，您需要通过某种程序来审核公司的工资结构，通常该程序中包括对所在行业的基准匹配职位进行调研，然后根据这一信息制订一个富有竞争力的薪酬结构。由于发现自己所支付的薪酬水准低于市场水准，这对于大部分公司来说制订有关薪酬结构往往并非易事。不过，为确保长期竞争力，制订与市场水准相符的工资结构将有助于公司吸引和留住企业成功所需要的优秀人才。

最后，一旦妥善地评估了公司的职位，并制订了富有市场竞争力的薪资结构，您就可以通过浮动薪酬来增加员工的全面现金收入。合理的薪酬结构应包括基本工资、现金津贴和浮动奖金。

各大公司将浮动奖金与利润、销售量、投资回报等关键经营指标挂钩，仅仅当公司实现了经营目标时才支付浮动奖金。合理的薪酬方案将实现经营目标所取得的利润盈余作为奖金基金。例如，许多公司从年终利润中支付奖金。制订合理的浮动薪酬结构将有助于公司在取得此计划成功之后提高工资水准，同时，有助于管理人员向员工传达企业重要的信息并最终实现双赢。

既然薪酬在激励中具有重要作用，领导者在设计与管理正规化的薪酬制度时，应遵循以下原则。

1. 公平性原则。企业职工对工资分配的公平感，也就是对工资发放是否公正的判断与认识，是企业在设计工资制度和进行工资管理时首先需要考虑的因素。这里的公平性包括 3 个含义，本企业工资水平与其他同类企业工资水平相当；本企业中同类员工工资水平相当；员工工资与其所作贡献相当。

2. 激励性原则。企业在内部各类、各级职工的工资水准上，适当拉开差距，真正体现按贡献分配的原则。平均主义的"大锅饭"、分配制度的落后性及其奖懒罚勤的负面作用，人们分析得已经很多了，这里不再赘述。

3. 竞争性原则。在社会上和人才市场中，企业的工资标准要有吸引力，才足以战胜其他企业，招到所需人才。究竟应将本企业摆在市场价格范围的哪一段，当然要视本企业财力、所需人才可获得性的高低等具体条件而定，但要有竞争力，开价至少是不应低于市场平均水准的。

4. 经济性原则。提高企业的工资水准，固然可提高其竞争力与激励作用，但同时不可避免地会导致人力成本的上升，所以，工资制度不能不受经济性原则的制约。不过企业人力资源主管在考察人力成本时，不能仅看工资水平的高低，还要看职工所能取得的绩效的水平。事实上，后者对企业产品的竞争力的影响，远大于成本因素。也就是说，员工的工作热情与革新精神，对企业在市场中的生存与发展起着关键作用，若过多计较他们的工资给多给少，难免因小失大。

第五章
别让你的批评没有效果

　　人人都不喜欢被批评,但是作为管理者,有时候不可避免地要指出员工工作上的失误或者态度上的懈怠,这时候就需要掌握批评的技巧了。和赞美一样,批评也是一种艺术。善用批评者,非常明确地知道每次批评的目的,知道对不同的人、不同的事采用不同的批评方式。批评中还有一些禁忌需要管理者注意,批评下属的时候要注意场合和自己的情绪,尽量使用平和的语气,有时候不妨采用幽默或者委婉的方式,千万不可怒火中烧,口不择言。

你的批评正确吗

美国著名人际关系学家卡法尔说："每位主管必须知道，情感因素在职场上的发酵与婚姻中并无二致。对事的不满往往变为对人的攻击，甚至加上厌恶、讥讽、轻蔑的成分，所引发的反应同样也是自我防卫、逃避责任及冷战，或者因自觉受到不公平待遇而发动消极的抵抗。正如某企业顾问所说的，职场上最常见的毁灭性批评是'你把事情搞砸了'这类盖棺定论、以偏概全的评语，且说者常带着严厉、讽刺或愤怒的口气，既不让对方有解释的机会，也没有任何建设性的建议，徒然让听者觉得愤怒而产生无力感。从 EQ 的角度来看，批评者显然完全不了解听者的感受，以及对听者今后工作的动力、冲劲与信心会产生如此重大的杀伤力。"

曾有心理学家对主管做过实际调查，请他们回想是否曾对下属大发脾气，盛怒之下做出人身攻击。调查发现攻击的结果与夫妻吵架很相似，被攻击的下属多半会自我防卫，找借口或是逃避责任。另一种反应是冷战，亦即尽量避免与该上司有任何接触。如果我们以观察吵架中的规律的方式，细察这些下属的变化，必然会发现他们开始产生无辜受迫或义愤填膺的念头。若再测量他们的生理变化，很可能发现强化这些念头的情感决堤现象。发出批评的主管也必然因下属的这些反应而更被激怒。恶性循环的结果可能导致下属辞职或被炒鱿鱼，等同于夫妻的离婚收场。

有人针对 108 位主管与白领员工做过研究，发现职场冲突的主因是不当的批评，其严重性超过不信任、性格冲突、争权夺利及薪资问题。还有人在某学院做过一项实验，请一人参加实验一种新型洗发精的广告，由另一个人加以评断。研究人员故意请此人给予两种批评，一种温和而具体，另一种语带威胁，且批评设计者个性上的缺陷，诸如"我看别试了，你好像什么事都做不好"，"也许你就是不具备这方面的才华，我看还是找别人试试看好了"。

　　可以想见，被攻击者会愤怒、僵硬、充满敌意，表明将拒绝与批评者合作任何计划案。很多人甚至完全不想再与批评者接触，这是冷战的征兆。而且被批评者士气会遭受严重的打击，不但不愿再努力，自信心更是严重受损，显见人身攻击对士气的打击多么可怕。

　　很多主管都是乐于批评而吝于赞美，于是下属会产生自己老是在犯错的印象，更糟糕的是有些主管根本没有做任何回馈。伊利诺大学心理学家拉森指出："员工的问题通常并非突然发生，而是慢慢形成的。如果主管在发现问题时没有立即提出，便会在内心慢慢酝酿积压，直到有一天爆发开来。事实上如果能及早提出批评，员工便可据以改进。问题是主管往往在问题严重恶化、积怒难消时才提出最具破坏性的批评。由于累积了诸多不满，主管常不自禁地出语尖酸刻薄，甚至语带威胁，结果引起反弹是必然的。被攻击者会将之视为一种侮辱而怨愤难平，而主管原意是要激励员工，却采用了最不明智的激励方式。"

　　技巧性的批评可以是主管与下属之间最理想的桥梁。就以某公司的一位副总裁为例，其实他可以换个方式对工程师说："现阶段最大的难题是你的计划将耗时太久，成本可能因此太高。我希望你再研究一下，尤其是软体的设计，看看能不能缩短完成时间。"得到的绝对是完全不同的答案，不但不会引发无力感、愤怒、叛逆等感受，还可提振士气，规划出光明的前景。

技巧性的批评强调一个人的功劳及可改善之处，而不是从问题中挑出个性上的缺陷。诚如拉森所说的，"人身攻击（如批评对方愚昧或无能）其实是毫无意义的，因为对方会立刻采取防卫姿态，也就听不进去你给他的任何建议"。

我们再从激励的角度来看，一个人如果觉得他的失败归因于本身无法改变的缺陷，必然会因绝望而停止尝试。别忘了，乐观的根本定义是深信挫折或失败是由于外在的因素，可以靠人为的努力去扭转。

哈利·李文森原是心理分析专家，后转行任企业顾问，下面是他所提出的关于批评的建议，这些建议与赞美的艺术息息相关。

1. 批评要具体

应提出某特定事件说明问题所在，如果你只是告诉对方表现不佳，却未说明如何改善，必然会严重挫伤他的士气。批评时一定要言之有物，指出哪里表现不错，哪里不太理想，应如何改善等。绝对不要拐弯抹角或指桑骂槐，如此徒然模糊你所要传达的信息。

李文森指出："具体也是赞美的一项重要原则。模棱两可的赞美当然也不是完全无效，但效果不大，听者也无法从中学到什么。"

2. 提出解决方案

不论是批评或其他形式的回馈都应提出解决方案，否则听者只会感到挫折、愤怒与丧气。批评者不妨提出对方原来未曾想到的方向，或提醒问题的所在，同时也要提出回应的建议。

3. 面对面地进行

批评和赞美一样，都是私下面对面最有效果。有些主管觉得公然批评或赞美很不自在，因而偏好书面或其他有距离的方式。然而如此便不够直接，也让对方没有回应或澄清的机会。

4. 体恤别人

应发挥你的同情心，注意你的话在别人耳里的感觉。李文森指出，同情心薄弱的主管最常以打压贬抑等伤害人的方式回馈，结果自然可想而知，不但无法开启改善之门，徒然引发怨愤、自我防卫、距离感等反弹。

不要为了批评而批评

员工犯了错误，是应该受到批评的。通过批评，让员工看清楚自己的错误所在，只有这样才能在以后的工作中提高自己，不再犯同样的错误，这也是批评的目的。但是在企业里，很多管理者一旦批评起员工，就会忘记批评的真正目的，情绪越来越激动，导致员工的自信心和自尊心受到很大打击，这就是典型的为了批评而批评。

王经理走进办公室，满脸怒容，他重重地把手中的文件甩在桌子上，声音很大，几乎惊动了每一个办公室里的员工。"小杨，这就是你交给我的工作成果吗？你看看，这份流量表里面有多少错误！我简直都不敢相信，你过去不是这样的！"

小杨很紧张地站了起来，唯唯诺诺地说："对不起，王经理，我想一定出了什么问题，我拿回去再看看吧！"

"你当然要拿回去看看了，还想让我帮你看呀！真不明白，拿那么多工资却只做出这样的工作！再仔细看看，今天下午我要一份没有任何错误的流量表！"

看着小杨尴尬委屈的样子，王经理可能并没有意识到自己的错误，或许他永远都不会意识到，而仅仅是想发泄一下心中的不满，过后就什么都不记得了。王经理的批评并不能解决任何问题，相反，还可能产生很大的负面效应，因为，王经理是在为了批评而批评，这样做是批评下属时最忌讳的。

或许，王经理在狠狠地批评过小杨后，可能自己心中的不满会慢慢减弱，但是小杨的呢？王经理并没有顾及小杨的感受。有什么必要发那么大的火气呢？如果真的有必要，为什么不在私下里批评呢？在批评过后为什么不再给小杨一些安慰呢？或许你有太多的问题要问王经理，但是，这些问题你问过你自己吗？或许你就犯过同样的错误。

每个员工都有自尊心和责任心，所以在批评的时候，一定要注意批评的方式和斥责的艺术。补救的方法就是让被批评的员工能找回失去的自尊，获得心理的平衡。所以，现在王经理可以做的就是想方设法去安慰一下被批评者。

王经理可以让他的秘书去请小杨喝杯咖啡，告诉小杨，这样批评也是为了整个团队的考虑，如果每个人犯了错都不受到惩罚，团队就会乱成一锅粥。严厉的批评也是王经理不得已的办法，实际上王经理心里面也不想这样。

然后，王经理察看一下公司的员工数据，看看今天是不是一个什么特殊的日子？如果是小杨的结婚纪念日或其他节日的话，那就更好了。王经理可以向小杨的家中送一束花，再附上亲自写的贺词卡片。这样，小杨的情绪会平复得多。

但是，这样做仅仅是解决了小杨的问题，如果要避免类似的错误以后再发生，王经理就应当从现在开始，改变一下批评和斥责的方式，三思而后行，在说出斥责的话语之前，提醒自己批评是为了让员工认识错误、改正错误，并且以后不再犯类似的错误，而不是为了批评而批评，为了斥责而斥责。

批评仅仅是促进犯错者改正错误的一种手段和方式，而不是目的。如果被批评者在得到了这个教训之后，不再犯同样或类似的错误，就可以说批评的目的达到了。所以，批评的同时最好能对其今后的行动加以指导。对犯错者提供指导也能使他更加容易接受批评意见，所以，最好是双管齐下。

俗话说："当局者迷，旁观者清。"这句话很有道理，当你的员工把完成的工作交给你的时候，可以肯定地说，他此时并没意识到错误的存在，否则，他就会努力去改正。

所以，在你批评你的员工的时候，你一定要指出他的错误所在。如果不能让他了解错误的所在而是一味斥责的话，那么，这样的批评只会增加他心中的不满，永远不会达到批评的目的，下次他再犯同样的错误也很正常了。所以，在批评之前告诉他到底错在什么地方很重要。

　　管理大师松下幸之助认为，员工身上最宝贵的莫过于他们的羞耻心和责任心。所以，在管理中，为了调动员工的积极性，在批评员工的时候，一定要注意对员工自尊心的保护，不能让批评过了头。相反，要注意利用这种自尊心和羞耻心，在斥责员工的时候小心把握分寸，掌握艺术。利用了员工的这种心理，可以让斥责和批评达到目的，使员工能在批评下奋力一搏，最大限度地发挥自己的聪明才智。

批评下属要遵循的原则

　　主管有权力因为下属的不良表现而批评下属，然而，并不是每个人都能愉快地接受别人的批评。

　　否定和批评下属，固然因为下属有了过失，但与此同时，处于指挥和监督岗位的上级主管，也有不能推卸的间接责任。具体说来，批评下属的原则可分为：

　　第一，唯事原则。

　　正确的批评应该是对事不对人。虽然被批评的是人，但绝不能搞人身攻击、情绪发泄。因为要解决的是问题，目的是为了今后把事情办好。只要错误得到了改正，问题得到了解决，批评就是成功的。因此，主管必须首先弄清事情的来龙去脉，据此同下属一起分析问题的成败得失，做到以理服人。由于对事不对人，下属便会积极主动地协助领导解决问题。反之，不分青红皂白，撇下问题而教训人，就容易感情用事，使下属误以为领导在蓄意整人而聚起思想疙瘩，一时难解。说到底，唯事原则力求实现的就是，在感情上对批评者说来是委婉的，在问题上则是直接、本质的，是通过事实来做人的工作。

第二，因人而异原则。

批评是针对人的工作，就要因人而异。那种企图用单一的模式生套活生生现实的做法，只能到处碰壁。因人而异，就必须考虑被批评对象的各种具体情况。

1. 职业情况

工农商学兵，不同行业有不同行业的批评要求；同一行业，不同工种、不同职务级别有不同的否定艺术。

2. 年龄情况

同样的问题，对不同年龄的人的批评是有差别的。

3. 知识、阅历情况

不同的下属，知识、阅历情况是不同的。上司在否定和批评下属时，必须根据知识、阅历的不同施以不同的语言艺术。

4. 心理情况

心理，是一个外延很广泛的概念。这里主要指下属的气质、性格、对工作的兴趣和自我更正能力。上司批评和否定下属必须首先在心理上占上风，否则将不会成功。

第三，适度原则。

度是一个哲学范畴，它指一个事物保持自己的质的数量界限。为人处世都要有个"度"，否定和批评下属也是如此。在实际生活中，人们习惯于称度为"分寸"，也就是说，为人处世要适当、适度，要讲究分寸，过与不及都是应当避免的。那么，怎样理解否定和批评下属在语言运用中的"度"的问题呢？按照度的一般规定，可做下述分析：

1. 质的把握

一般说来，上下级的矛盾属于人民内部矛盾，批评和否定大都要本着"团结—批评—团结"的原则进行，在运用语言的过程中就有一个质的差别问题。

2. 量的限制

同是犯错误，轻、重可能不同，批评的语言也应随机而变。倘若等量齐观，"一视同仁"，各打四十大板，就会引出一些不必要的错误。该轻则轻，不能揪着辫子不放；该重则重，切莫姑息迁就。此外，男女性别不同，心理有异，因而在批评异性下属时还要做适当考虑，做到有理、有节。

批评方式要因人而异

有时候，主管给下属一顿批评是很必要的，但批评的效果有好有坏，能否产生积极的效果，关键在于你是否用了正确的方法。不少主管认为批评人会有碍团结，那只是因为他没有一套批评人的好方法。

对于一个主管来说，有两种下属比较容易接受你的批评，一种是性子比较直率的下属，另一种是能力和魄力强的下属。当然也有一种人面对你善意的批评，好像"才"大气粗一样，并不在乎。他只是在表面接受，而在深层次你的批评不会对其产生多大的效果。

直率的下属接受批评后会很快变得振作起来。软弱的下属被批评之后，多数不会有任何反抗，但是领导批评得越严厉，他们会越畏缩不前、胆小怕事。因此，对这种下属采用提醒式的批评有时候就能把问题解决了。

每一个主管都有同样的体会，心怀不满的人最不好管理。因此，批评这种人时必须要十分注意批评的方法。对于那些油头滑脑的下属则应不介意对他们使用过分严厉的批评，这种人只有严厉批评才会痛改前非，再不偷懒怠工、胡作非为。

每一个人都有各自的性格特点。如果只用一种方法去批评所有的人，在多数情况下，你很难得到你所希望的效果。

如果软弱的下属犯了错误，要一对一地采取提醒式、鼓励式的批评。例如说"我希望你能发挥出你的全部才华来"，"我估计这种工作质量并不代表你的能力"，等等。

对于心怀不满的下属，要认真听取他们的意见，然后再针对错误说批评，例如可以暗示"你本来可以干得更漂亮一点，怎么老像有心事似的"，"要把工作和生活分开干，生活可以随随便便，工作起来必须是正而八经的，这或许是一条人生游戏的规则"。

对于那些油滑的下属，应用自己的真心话去批评他们。心里怎样想就怎样说，而且要常说，有一点就说一点，毫无保留。只有这样才能收到预期的效果。

对于责备无效的人，要多给他称赞。大多数人受到责备时都会觉得不舒服，但也有些特殊的人，把责备看成家常便饭，被责备一顿，过后立即抛之脑后，任你说破嘴皮，依然我行我素。

某公司的女经理，精明能干，手下一班干将做事干练、智勇双全。但不久前，她的一名助手调离到别处，接任的是一名刚刚毕业的女大学生。这位新来的女大学生做事马马虎虎，一些资料常常不加整理便递交上去，办公桌上的文件乱七八糟。女经理批评了她许多次，她仍一切如故。女经理决定改变一下策略。之后，她就细心地去发现女大学生的优点，发现优点后就立即给予称赞。

这个办法果然奏效了，那个女大学生慢慢地变得做事有条理了，也不再那么马虎。一个月之后，她的工作基本上能令经理满意。

改变一个事物的方法有多种，角度也不同，当一个角度不能奏效时，就应考虑改变角度寻找另一种合适的方式。

你会幽默式的批评吗

美国哈佛大学著名管理学家德斯坦在 2002 年 "管理的倾向性" 国际年会上说："人是感情的动物，这种感情爆发时，连自己也无法收拾。以领导批评部下来说，往往也会感情用事，直接数落部下的错误，让部下觉得自己一无是处。如此一来，部下对批评当然会感到相当压抑，甚至引起反感。两人之间也会产生紧张的气氛。为解除紧张，批评过后不妨说句充满幽默感的话。因为幽默的话具有缓冲作用，对消除彼此间的尴尬气氛大有帮助。这是每位主管应当引起重视的一个重要问题。"

幽默的第一效用是解除心理上的紧张感。尤其是双方形成对立关系时，幽默就如一贴清凉剂使人际关系变得圆满。

由此可见，幽默含有"原谅"及"接受"的意思。这就是说，说出幽默的话，即表示能宽容对方的错误。

英国前首相丘吉尔曾发生过一件这样的事。一天，他为赶上开会时间，命令司机开快车，结果运气不佳，被交通警察逮到。着急的司机急中生智，恐吓警察说："你看，后面坐的是丘吉尔首相！"而警察也很幽默地回答："英国首相怎么会违反交通规则？"后丘吉尔自知有错，当场就接下罚单，之后还让那位警察升了官。足见幽默确能增进人际关系的和谐。

严厉批评部下，若一时想不到说哪句玩笑话，亦可用微笑代替。相信部下会因此而消除心中的紧张感。

管教孩子的方法可分"限制"和"要求"两种。孩子在餐厅吵闹时，大人大声吼住是限制管教。这方法虽能吓阻孩子的行为，却会让孩子感到无所适从。相反，斥责后再指示该怎么做，便属于后者——要求管教。

美国的心理学家以 8 岁的孩子为对象，调查孩子的上进心与幼儿期的管教方式的关系。结果显示，有上进心的一组孩子，均是接受要求管教而成长的；而缺乏上进心的孩子，自小到大完全是接受限制管教。

　　为什么接受限制管教而长大的孩子干劲低落？因为行为受限制，自然会产生不满，使向上精神降低。行动被禁止或抑制，是表示欲求遭受阻碍，这会使人失去意愿，也会缺乏去改变行动的积极精神。限制管教法用久了，孩子便会丧失上进心。

　　只要能记取这点教训，对提高批评效果会有所助益。因为大多数的领导都误以为批评就是管理，也以为不常常批评部下反而会被部下轻视，所以，为表示自己的地位高于部下，便以批评作为管理的重要手段。

　　像这样以批评来惩罚部下，到最后不免会削弱部下的干劲。因为人的大脑部分刺激，将会波及四周，而想起过去发生的许多事，且会无限扩大，使人感到犹如被绳子勒紧脖子一般。如此将会使部下的欲求不满，上进心也随之减弱。基于这点，主管在批评下属之际，首先要确定批评内容，在脑海中先演示批评的经过情形，才能增加批评效果。

批评不一定只是责怪

　　大家都有感受，批评是一件令人十分难为情的事情，无论是批评者还是被批评者，在那种特定的氛围中一定都多少有些尴尬。其实，批评的真正目的并不在于批得对方体无完肤，彻底地打倒对方，而是纠正对方的错误。因此，艺术的批评不应伤害对方，而是激励他，使对方表现出更好的业绩。赞扬便是最好的艺术批评。当你的下属有了错时，你是否会用表扬的方法帮助下属改正错误呢？

王志是一家建筑公司的安全检查员，检查工地上的工人有没有戴上安全帽是他的职责之一。据他报告，每当发现有工人在工作时不戴安全帽，他便会用职位上的权威要求工人改正。其结果是，受指正的工人常显得不悦，而且等他一离开，就又把帽子拿掉。后来，王志决定改变方式。第二回他看见有工人不戴安全帽时，便问是否帽子戴起来不舒服，或是帽子尺寸不合适，并且用愉快的声调提醒工人戴安全帽的重要性，然后要求他们在工作时最好戴上。这样做的效果果然比以前好得多，也没有工人显得不高兴了。

心理学家史基诺经由动物实验证明："因好行为而受到奖赏的动物，其学习速度快，学习效果亦较佳；因坏行为而受处罚的动物，则不论怎样学习效果都比较差。最近的研究显示，这个原则用在人身上也有同样结果。批评不但不会改变事实，反而只有招致愤恨。"另一位心理学家汉斯·席尔也说："更多的证据显示，我们都害怕受人指责。"因批评而起的羞愤，常常使员工、亲人和朋友的士气大为低落，并且对应该矫正的事实状况一点也没有助益。

给予员工亲切的言辞和称赞，对建立彼此的友好关系有很大的帮助。美国佳乐食品公司经理克利佛西斯说："称赞能使对方兴奋，也能使你发现对方的许多优点，而当你批评他时，他会欣然接受。"如果你真想批评员工，不妨用这样的话开始：

"小李，你所提出的建议很好，我们从中收益许多。不过，有一点……"

"小张，你进入公司以来，业绩一直非常优异，大家都是有目共睹的，只有一点要请你改善，相信你也能够理解。"

"林晓，直到现在，你一直都使我们获得很大帮助，这次发生事故或许有什么原因，你说呢？"

"我知道你一直很努力，不过有一点让我担心……"

不能在友好的气氛下结束的批评，不能算是真正的结束，不要在事情还没有解决之前，就暧昧地搁置下来，到后来再进行一次讨论，应该在有了结论之后即刻结束批评。

你可以莞尔一笑："我知道你是信得过的人。"或："我相信你能够抓住要领，请你好好干下去。"切不要这样："我教你之后，不可以再犯错。"或："我希望很快就能看到你向上的表现，不然的话……"

批评结束后，千万不要认为没有必要去赞扬员工，如果你善于发现员工身上的闪光点，并加以赞扬，就能有效地激励员工，同时，员工努力地工作会让你收获成功的果实。

我们所相处的对象，并不是绝对理性的动物，而是充满了情绪变化、成见、自负和虚荣的人。班哲明·富兰克林年轻的时候并不圆滑，但后来却变得富有外交手腕，善与人应对，因而成了美国驻法国大使。他的成功秘诀是"我不说别人的坏话，只说大家的好处"。

只有不够聪明的人才批评、指责或抱怨别人，但是善解人意和宽恕他人，需要修养和自制的工夫。卡来尔说过："伟人是从对待小人物的行为中显示其伟大。"

批评下属"五不要"

很多管理者都说，自己批评下属也是为了下属好，为了能够更好地工作，但事实上，很多批评都没有达到预期的目的，不是打击了员工的自信心，就是造成了上下级关系的紧张。这些事与愿违的批评或多或少都含有某种错误的因素。作为管理者，在批评下属的时候一定要记住5个不要：

第一，不要当众斥责下属。

称赞固然能够鼓励士气，但当下属的确犯了错误，该责备的仍要责备。如果责备有方，犹如快马加鞭，下属会将此作为鞭策，作为动力，从而干劲十足。但要达到这个效果却也不易，这需要一定的技巧。

倘若下属在工作中出现失误，上司要斥责他、批评他时，一定不要当着众人的面批评他，因为如果当众斥责他，会使他觉得脸面无光、无地自容，会使他觉得上司太不赏识他、不尊重他，刺伤他的自尊心，也许会因之产生"我偏不干好"的逆反心理。

因此，一个成功的领导，当他的下属犯了错误时，他会选择适当的方式，如私下里面对面对下属提出批评。这样，下属会感激万分，因为他清楚，领导不仅给了他面子，而且还给了他机会。知恩必报，以心换心，下属会更加努力，做出好成绩来报答上司的。

第二，不要做冲动的指责。

一个公司的主管，为了达到企业的目标废寝忘食，对下属也全力指导，但错误仍然再三发生，在发现下属是由于没有责任感而犯错误时，不禁怒气上升，下意识地就想大叫大吼，大发脾气。

一旦祸从口出，想挽回是很难的。就算你坦率地道歉"对不起，是我的错"，对方所受的伤害恐怕也需很长一段时间才能平复。

该如何使恼怒的心平静下来呢？这是相当难的问题，下面列出6个办法：

1. 赶快离开：远离冲动现场，到厕所去一趟也可。

2. 喝茶：利用茶水将怒气一起吞下，也能收到效果。

3. 吸烟：烟草的效用也大。

4. 赶快转移方向去忙别的事：这有益改善气氛。

5. 看书：不必要精读，很快地翻动书页，只读一些大标题就行。

6. 打电话：拿起话筒，拨下号码，在这些动作间气氛就会稍为改变。

试试以上做法，大概会对压制冲动有所帮助。但如果太冲动，上述做法仍不能压抑的话，就必须运用更大的物理作用，如跑一圈，或搬运重物、整理重的物品等，这些对克制情绪均很有效。

总之，就是要转换气氛，而且要留下缓冲时间，不要使自己陷入恶劣气氛中。停一下，如果能觉得"怎么这么糊涂"，然后哈哈一笑的人，他的冲动便在不知不觉中消失了。在要发脾气前，稍停几分钟是很重要的。

第三，不要在客人面前指责下属。

主管指责下属，这是公司内部的事，没有必要让公司外的人知道。在客人面前指责下属，大概是想让客人知道不是主管的错，是下属办事不力。但如此使下属下不了台，是绝对收不到指责的效果的。通常公司都是将不好的一面隐藏在内，而以一个漂亮的外表给外界看。公司对外所表现的一切，是全体工作人员共同努力的结果。如果外界有何不满，最高负责人应负起这个责任，不能用底下的人员当挡箭牌，逃避责任。作为代罪羔羊的下属，很可能因此自暴自弃，以后任何活动、任何工作再也不会热衷了。如发生一些问题，而主管不十分清楚时，应该叫下属来，把事情问清楚，然后让下属回去继续工作，主管立即负起责任处理问题，等客人走了，有必要纠正、责备时，再严格执行。

第四，不可揭人疮疤。

对于今天该指责的事，引用过去的事例是不适当的。揭人疮疤只会勾起他人一段不愉快的回忆。有些记忆力很好的主管，连下属初入公司所发生的事都记得清清楚楚，深恐没有骂人的题材，好事、坏事，甚至大家都已忘掉的事都牢记着，这实在没有必要。

有时主管并不想翻旧账，但在对方没有一点悔悟时，那种想翻旧账的心情就出现了，这也是人之常情。但如果有必要指责其态度时，只要针对他的恶劣态度加以警戒即可。每次只针对一件事比较能得到效果，如果讲许多事，目标分散了，被批评的人印象不会深刻。

第五，不要全面批评。

要切实履行一个主管应有的职责，工作成绩好就表扬，不好就批评。要做到该表扬的大胆当面亲口表扬，该批评的明确给予批

别让你的批评没有效果

第五章

145

评，因为它表明了一个领导对下属行为的评价尺度。倘若下属干得出色，而领导无动于衷，干得不好领导也毫无反应，那么，这种麻木不仁的领导是无法带领下属奔向成功之路的。只有当领导的对下属的所作所为做出明确反应，一个单位才能够有一个蓬勃向上的局面。

至于表扬与批评的比例问题，似乎表扬稍多点为好。如果批评分量过大，很可能导致消极空气蔓延；而一味表扬，下属则会产生骄气，有时甚至会产生误解，认为领导在给戴高帽。用吹捧的方法来满足大家的虚荣心，久而久之也会引起反感。

一般认为6分表扬、4分批评效果会更好些。当然，这还要看一个单位问题的多少，大家的成熟度如何。但是表扬多于批评不失为一条较理想的原则。

一味批评，等于不批评

"一味批评，等于不批评。"这是有经验的主管的一句行话。"我的下属，脑筋很不灵活，像小张，一件事要讲三次，才会去做。"

像这类批评，经常会在主管的谈话间出现。一般的主管，就喜欢在有事没事时，一一褒贬下属。尤其到了人事考核时，若不尽可能加以挑剔，心里就着实不好过。

的确，下属也有不完美的地方，不过你应该列举事实，想出最适当的指导方式，而不是一味地批评。尤其在公司以外的场合，是绝对不能说下属坏话的。假使你是诚心地想指正他，就应该当面告诉他，而不要让别人听到。否则，你要有心理准备，下属将会一个个地弃你而去。

还有一些主管，是专爱说上司的坏话，尤其当着下属的面批评上司。这等人，满以为自己具有正义感，为下属打抱不平，而事实上，他多少带点恶性毁谤的意味。

除了下属之外，他还会经常跑到总公司，找高级人员做朋友，揭露上司的隐私。像这样的人，在大家看清他的面目后，终会为人所唾弃。一个正人君子，是不会在他人背后做恶意诋毁的。即使是多么暴虐无道的上司，你尽可当面表示不满，绝不能蓄意扯其后腿，这不是一个绅士的行为。

知识程度较高、稍有地位或年长者，对这种人也许会知道："哦！他又在发牢骚了。"而不加以理会。而对不了解内情、新进的下属，偶尔听到这些评语，无形中就会产生不愉快的情绪。再说，一些心存诡诈的人，会争着向上司打小报告。结果，非但自己得不到好处，有时反而会得到意想不到的恶果。

对下属来说，每一个人，都希望选择优良的职业场所，跟随成功的上司愉快地工作。批评上司，等于是将这种心情破坏了，难免会给工作环境制造一些麻烦或不和谐的气氛。

下属最能信赖的主管，首先，就是不说别人坏话的人，尤其重要的就是不批评自己的上司。

假使你非得要说，你干脆就大肆吹嘘他们的优点。假使你认为别人一无是处，这就是你有成见了。只要你能细心去发掘，任何人都会有一两点长处。在你尚未发现这些长处之前，就不能算是了解，而不了解的话，你就没有资格对人妄下论断。

别忽视了批评的场合和情绪

下属表现得好，主管就应公开表扬，使其在众下属面前脸上有光；反之，就私下批评，也使其保得住面子。主管只有如此，才能使其下属信心十足，努力为企业效力。

也许你还记得美国一位著名"败将"高斯将军。他的做法是严肃批评配以大力赞扬，做到该严厉处罚的就处罚，值得表扬的就大力加以肯定，赏罚分明，把握好分寸。

在一次战役中，高斯将军的副官阿恩蒂利擅自行动，兵败沙场。就这一点，阿恩蒂利就应该受到严厉的军法处置。确实当时许多人都要求把他交付军事法庭定罪，不处罚不足以定军心，但如果真这样做了，高斯将军又会失去一名干将。

下面来看看高斯将军处理这件事的实际言行。

高斯将军说道："阿恩蒂利，你作为我的副官，就如同我的左右臂，你所担负的责任就是指挥好你的部队，使其不受敌军的偷袭，并在战争开始后负责侦探情报，向我报告，以便随时调整作战计划。然而令人失望的是，你在这次决定性的重大战役中表现很差!"

阿恩蒂利双目下垂,不敢正视,笔直地立正站着,一动也不动。

高斯将军继续说道:"你擅自行动,贸然出击,损失惨重。造成我们在不明情况的形势下,仓促投入战斗,并没有做仔细全面的安排计划,这种盲目作战,不败才是奇迹。我们现在能活着简直是上帝最大的保佑。"

"高斯将军,责任完全在我。"阿恩蒂利大气不敢出,额上沁出了一层细汗,可以看出,他的内心正处在严厉的自责之中。

高斯将军看到这种情形,似乎又产生一点同情的心理。但他没有感情用事,他对阿恩蒂利说:"过去的就已经过去了,要紧的是千万要记住教训,有些教训是不需要多次的,因为那个代价是昂贵的、惨痛的。"他用理智战胜情感,此时此刻,需要的是严厉的批评和责备,而不应该掺杂任何人情因素。尽管如此,作为一名关心爱护手下士兵、身经百战的老将,高斯的语气显然还是变得和蔼可亲起来。

"你当时可能是愤怒之情冲昏了头脑。这是年轻人最忌讳的感情用事,不顾大局,贸然行动。现在既然一切都过去了,我对你所能说的只是'不可再那样'。"

责备训斥的任务完成了,高斯将军想让紧张严肃的气氛逐渐放松下来。他沉默了一段时间,目的是让刚才的话深入阿恩蒂利的内心深处,让他进行深刻反省,以达到预期目的。

果然,阿恩蒂利表情沉重地取下腰中的盒子枪,双手托着,缓缓递到高斯将军的面前。高斯将军并没有立刻接过,他把手背到身后。

阿恩蒂利说："由于我的失职，使得部队损失惨重，我不配再当他们的长官，也不值得您的信任……"

这时，高斯将军大声喝止了他："我现在要的不是你交枪给我，辞职逍遥。我需要的是一位知过能改的得力的军官，明天还要继续战斗呢！"

"你在我的部下多年，我很了解你的为人，你所作出的贡献是其他同职位的军官所无法匹配的。以前的多次战斗中你都表现十分出色，这次……"高斯将军做出停止的手势，"就此打住，我们现在可以把这件事抛在一边了，准备投入新的战斗！"

听完这个故事，可以总结出一个结论：要想完成你的领导任务，要求下属听从你的安排，你就应该注意做到公开表扬，私下批评，并记住在批评教育的时候，要不失时机地加上一定的肯定和赞赏，让别人有改过的机会，从而再充满信心地投入到新的工作中。

许多主管在工作经验中得出这样一条认识：和任何事物都有两面性一样，对人心直口快既有好交往的一面，也有易于得罪人的一面。

心直口快者得罪人，大多是在不当的交际场合过分直言，不照顾他人的面子造成的。虽然他们没有坏心眼，但话头直出直入，嘴不饶人，每每把人家搞得下不来台，难堪之极，丢面子，对方自然不高兴，难免影响彼此之间的关系。

某部一大队受命协助拍电视片。一天，三中队因故少带了两件装具，使拍摄工作未能按时进行。大队长十分生气，不问情况，当着全体人员的面，大声喝斥中队长："你这个队长是怎么当的，工作粗粗拉拉，什么作风！"起初中队长还忍着，当他扫见他的士兵都在看着他的时候，顿时感到一种羞辱，他再也忍不住了，解释道："大队长，我们没有带齐装具是有原因的，你不调查就……"大队长见他不认错，还顶嘴，就更火了："怎么，你还有理由？"中队长也不示弱说："我对你有意见！"把大队长顶得说不出话来。事后，大队长主动找他交换意见，问："你平时一贯表现很好，服从领导，今天为什么顶撞？"中队长说："你要面子，我就不要面子了？你当着我的战士的面那样批评我，叫我以后怎么开展工作？"听了他的解释，大队长也陷入沉思，并做了自我批评。从这次失败的批评中不难看出，不顾及场合的直言，往往事与愿违。

看来，在批评过程中，防止被不良情绪所左右同样是一个不容忽视的问题。主管应保持很强的自控能力，一旦出现在交际场合，就应使自己处于冷静、理智状态，这样才能言之得体，真正实现"到什么山上唱什么歌，到什么场合说什么话"，并成为一个受欢迎的管理者。

批评要注意的 3 点

管理者要想达到让下属改正错误的目的，在批评中必须注意以下 3 点：

第一，批评贵有别。在批评的过程中，不同的人由于经历、文化程度、性格特征、年龄等的不同，接受批评的能力和方式也有很大的区别。同时，由于性格和修养上的不同，不同的人对同一批评也会产生不同的心理反应。因此，管理者在批评时就要根据被批评者的不同特点采取不同的批评方式，切忌批评方法单一，死搬教条。

一般来说，对于自尊心较强而缺点、错误又较多的人，应采取渐进式批评，由浅入深，一步一步地指出被批评者的缺点和错误，从而让被批评者从思想上逐步适应，逐渐地提高认识；不能一下子将被批评者的缺点"和盘托出"，使其背上沉重的思想包袱，反而达不到预期的目的。

对于性格内向、善于思考、各方面都比较成熟的人，应采取发问式批评。管理者将批评的内容通过提问的方式传递给被批评者，从而使被批评者在回答问题的过程中来思索、认识自身的缺点错误。

对于思想基础较好、性格开朗、乐于接受批评的人，则要采取直接式批评。管理者可以开门见山、一针见血地指出被批评者的缺点错误。这样做，被批评者不但不会感到突然和言辞激烈，反而会认为你有诚意、直率，真心帮助他进步，因而乐意接受批评。

总之，批评要根据对象的不同特点采取不同的方法，从而有效地达到批评的目的。

第二，批评贵有度。人们常说"凡事得有度"，可见，做什么事情都得掌握一个度，要有"分寸"。在批评中也一样，"过"与"不及"都是应当避免的，要力争做到恰到好处，从而更好地达到使人奋发向上的目的。那如何才能做到恰到好处呢？

1. 管理者要在批评前告诫自己批评的目的不是针对人而是要通过批评来帮助员工改正错误，进而使他奋发向上；要告诫自己只要达到了这个目的就不要再刻意去责备员工，只要员工认识到了自己的错误，诚心地表示要吸取教训，并提出了改进方案，这样批评的效果就已经达到了，这时就不应该再批评而应该多鼓励。

2. 充分认识到与员工的关系是一种合作的、同志间的关系，认清彼此间并不存在根本的矛盾。因此，批评的目的是要把问题谈透，而不是把下属批臭。管理者在批评中应该表现出一定的大家风范和君子气派，切不可小肚鸡肠、斤斤计较，必要时还可以适当选用具有一定模糊性的语言，暂为权宜之策。

3. 下属员工所犯的错误，虽然不是一种根本对立的矛盾，但毕竟是犯了错误，需要的就是批评而不是褒奖。如果批评时语言没有分量，嘻嘻哈哈不了了之，就会失去批评的意义，从而使得错误在组织中形成一种不良的影响，得不到有效的控制。应本着惩前毖后的原则，既要维护制度的威严，又不能放弃原则，以免赏罚不明、纪律松弛。

4. 要仔细分析员工犯错误的原因和程度的轻重而给予不同程度的批评，切忌等量齐观、"一视同仁"、各打五十大板，其结果是让被批评者心里产生一种愤愤不平之感，引出一些不必要的麻烦。应当该轻则轻，不能揪着辫子不放；该重则重，切莫姑息迁就。

总的来说，适度批评就是要实事求是地分析员工的错误，根据不同情况采取适当的批评，做到"适可而止"。

第三，批评贵有情。管理者的批评实质上就是帮助员工认识错误，并协助其改正错误，因此，诚意和关爱在这种帮助过程中起着极其重要的作用，毕竟人们不需要虚情假意的帮助。这里说的诚意就是指批评的形式、手段、方法要光明磊落，态度十分诚恳、友好。比如将心比心，不让对方下不了台，不把责任推给别人，不算老账，诚实做人，体谅员工的难处等。

爱心就是指批评的目的完全是为爱护员工、提高员工的素质。目的高尚纯洁，"一片冰心在玉壶"，不掺一点儿私心杂念。而这种诚意和爱心正是员工极为重视的。能感受到来自管理者的诚意和关爱，员工也就更为乐意地接受批评，进而认真地去认识和改正错误。

因而，管理者在批评时应采取一种诚恳的态度，多从员工的角度去考虑问题，对员工动之以情、晓之以理，不是一味地采取粗暴的方式批评，而是要客观地评价员工的过错，热心地帮助他们分析产生错误的原因。以宽容的批评去鼓励他们勇于面对错误，就会让他们感受到你的批评就是一种关爱，从而激发员工主动地去承认错误，并努力地去改正错误。

用语婉转的批评更有效

在一些特定条件下，批评他人，指出别人工作中的错误和疏漏不能过于直接，因为那样容易造成对抗情绪，从而导致他错上加错。而委婉的批评、善意的指导则容易让人接受。

瓦纳梅克每天都要到自己的店里去一趟。有一次，有位顾客等在柜台前，没有人理会她。店员呢？他们正聚集在另一个角落里聊天嬉笑。瓦纳梅克不说一句话，静静走到柜台后，亲自帮那位女士结账。他把东西交给店员包装后，便走开了。

有许多人在真诚的赞美之后，喜欢拐弯抹角地加上"但是"两个字，然后开始一连串的批评。举例来说，有人想改变孩子漫不经心的学习态度，很可能会这样说："杰克，你这次成绩进步了，我们很高兴。但是，你如果能多加强一下代数，那就更好了。"

在这个例子里，原本受到鼓舞的杰克，在听到"但是"两个字之后，很可能会怀疑到原来的赞美之词。对他来说，赞美通常是引向批评的前奏。如此，不但赞美的真实性大打折扣，对杰克的学习态度也不会有什么助益。

如果我们改变一两个字，情形将会大为改观。我们可以这么说："杰克，你这次成绩进步了，我们很高兴。如果你在数学方面继续努力下去的话，下次一定会跟其他科目一样好。"

这样，杰克一定会接受这番赞美了，因为后面没有附加转折。由于我们也间接提醒了应该改进的注意事项，他便懂得该如何改进，以达到我们的期望。

间接指出别人的错误，比直接说出口来要温和，且不会引起别人的强烈反感。玛姬·贾可布有次谈到，她如何使懒散的建筑员工养成良好的事后清理的好习惯。

贾可布太太请了几位建筑员工加盖房屋。刚开始几天，每次她回家的时候，总发现院子里乱七八糟的，到处是木屑。由于这些建筑员工的技术比较好，贾可布太太不想让他们反感，便想了一个解

155

决的办法。她等员工离去之后，便和孩子把木屑清理干净，堆到院子的角落里。第二天早上，她把领班叫到一旁，对他说："我很满意昨天你们把前院清理得那么干净，没有惹得邻居们说闲话。"从此以后，员工每天完工之后，都把木屑堆到院子角落里，领班也每天检查前院有没有维持整洁。

许多后备军人在受训期间，最常抱怨的就是必须理发，因为他们认为自己仍算是普通老百姓。一级上士哈理·凯撒谈到这个问题时说道，他正好有次奉命训练一群后备士官。按照旧时一般军人管理法，他大可对那群士官吼叫，或出言恫吓，但他并没有这么做，而是用迂回战术达到目的。

"诸位，"他这么说，"你们都是未来的领导者，你们现在如何被领导，将来也要如何去领导别人。诸位都知道军队中对头发的规定，我今天就要按照规定去理发，虽然我的头发比你们的还短得多。诸位等一下可以去照照镜子，如果觉得需要，我们可以安排时间到理发室去。"结果可以料想，许多人真的去照镜子，并且遵照规定理好了头发。

下属的错误是管理者需要经常面对的问题，有时需要坦白指出来，有时则需要迂回一下，委婉一点。两者的区别和火候需要管理者用心揣摩才行。

第六章
别偏废了团队和个体

现代企业都非常重视团队合作，一个优秀的团队能够拉动整个企业的效益，成为企业的核心资源。作为管理者，在团队管理中，应该注意协调好团队中的内部矛盾，重视团队中的每一个成员，切不可只关注"超级明星"，而把其他成员看得不重要，须知"红花仍需绿叶扶"。竞争才能产生进步。在团队中，管理者要倡导良性竞争，反对恶性竞争，真正激发出团队的活力。

团队合作不能只停留在口头上

　　几乎每一位管理者都信奉团队合作的意义，至少在口头上他们是这么说的。然而可悲的是，真正在自己的企业中实现团队合作的人寥寥无几；真实世界中他们反而常常在企业中制造钩心斗角和部门间各自为政的环境。但他们却仍然不断地兜售自己对于团队合作的信仰，好像仅凭口头上的推广就能让它成为现实。

　　尽管"《财富》五百强"中有超过 1/3 的公司在自己的网站中，公开宣称团队合作是自己的核心价值观，但实际上只有很少的企业能真正理解和在行动上支持团队合作。为什么会这样？为什么聪明的、善良的、本应在同事中推动合作和协同的管理者们，却建设出万事俱备、唯缺团队合作的组织机制？而且为什么他们还要继续推广这么难以实现的理念？

　　绝大多数管理者的团队没能成为有凝聚力的团队，是因为他们既严重低估了团队合作的巨大效力，也严重低估了实现团队合作所需要经历的痛苦过程。然而，我们在探究这个过程之前，先要明白一件事，恰恰是团队合作所具有的强制性的、道义上正确的本质，反而让它的实现过程变得更加艰难。

　　与传统观念相反，团队合作本身谈不上是美德，而只是一种战略选择，与采用一种特殊的销售模式或财务战略没什么不同。当然，如果能够被正确理解和执行，团队合作是一个强有力的宝贵工具。但遗憾的是，管理理论家和人力资源工作者，把团队合作变成了企业绝对必需的东西，类似于成为优秀企业公民这样的目标。

其结果是，很多领导者并没有真正理解团队合作需要什么条件，就机械地去拥护它。而当逼迫他们说出心里话时，他们会说自己不得不这么做，稍有松懈都会是政治上、伦理上和组织上的错误。"我有什么选择？难道站在一群员工面前，说团队合作其实并不那么重要？"

其实，如果真的实现团队合作，反而会比很多领导者鼓吹团队合作更好些。鼓吹团队合作而没有从行动上要求员工贯彻，就会产生两个重大问题：第一，让员工产生一种集体性的虚伪感，让他们觉得团队合作只不过是一个空洞的口号；第二，也是更加危险的一点，是让员工对于如何服务于企业的最高利益感到困惑，于是他们只能是理论上无私、行动上自私。这些因素结合在一起，无可避免地造成了，有时甚至是致命的不和谐与罪恶感。

管理者们要知道，还有团队合作之外的选择，而且这比一个虚假的团队更有效率。《团队智慧》一书的作者杰弗里·卡辰贝赫把这称之为"工作团组"，即一个独立工作、很少指望协同作用的管理者团组。工作团组的优势在于明确，成员清楚地知道自己能够以及不能够从彼此那里得到什么，从而在专心实现目标时，避免了团队合作所无法闪躲的干扰和成本。

当然，这绝不是说团队合作没有价值。毫无疑问，团队合作有着无可比拟的力量，团队成员集体能够实现个人能力简单叠加所无法达到的成就。但是，真正的团队合作所需要满足的条件，是不可

别偏废了团队和个体

第六章

以被低估的。事实上，建设一个有领导力的团队是不容易的。这需要那些有着坚强意志、确立了自己的道路，而且已经在职业生涯中取得了瞩目成就的人，做出重大的行为改变。

你了解真正的高效团队吗

俗话说，三个臭皮匠赛过诸葛亮！试问"臭皮匠"们如何胜过足智多谋的"诸葛亮"呢？只因为三个或更多的"臭皮匠"们相互协作的结果。一个高效团结的团队是如今这个日渐复杂的商业社会所必需的。对创业者来说，在一个公司还只是在草创阶段的时候，唯一能够有效评估一个创业者领导才能的工具，就是他是否能够组织起一个高效团队。高效团队有以下几个优势。

第一，能力结构互补。

在硅谷有这样一个"规则"广为流传：由两个 MBA 和 MIT 博士组成的创业团队，几乎是获得创投青睐的保证。当然，这只是个捕风捉影的故事而已，但里面蕴涵着这样一个真理，优势互补的创业团队对于高科技企业举足轻重，研发、技术、市场、融资等各方面组成的一流的合作伙伴是创业成功的法宝。

但是，是不是说由一流的聪明人组成的团队一定成功呢？答案令人大失所望：95% 的聪明型企业都失败了，成功的只是少数的5%。这种现象被戏称为"阿波罗现象"。聪明人最大的特点是有自己的主见，但也正是主见惹的祸，每个人的观点中的弱点恰恰最能吸引对方的眼球，而这恰恰又是对方攻击的火力点。这种团队的组合是乌合之众，不堪一击。这就像病毒一样侵袭着企业的机体，对企业是致命的。

高效的团队是由一群有能力的成员组成的，他们具备实现理想目标所必需的技术和能力，而且有相互之间能够良好合作的个性质量，从而出色地完成任务。后者尤其重要。要想有效运作，一个团队需要有 3 种不同技能类型的人。

一种是技术型成员，具备完成团队任务所必需的专业知识和技能；一种是决策型成员，能够发现问题，提出解决方案，并能够加以权衡做出理智选择；一种是公关型成员，善于聆听、反馈、解决冲突以及具备处理人际关系的技能。

如果一个团队不具备以上三类成员，就不可能充分发挥其组合潜能。对具备不同技能的人进行合理搭配是极其重要的，但在团队形成之初，并不需要以上 3 个方面的成员全部具备。在必要时，一个或多个成员去学习团队所缺乏的某种技能，从而使团队充分发挥其潜能的事情并不少见。

第二，角色分配合理。

对于高效的团队而言，应识别团队成员的优势和劣势，并把他们安排到最能发挥其潜能的位置上，在团队中一般有 9 种角色定位。

创造者：产生创新思想。一般来说，此种角色要求富有想象力，善于提出新观点或新概念，独立性较强，喜欢自己安排工作时间，按照自己的方式、节奏进行工作。

倡导者：倡导和拥有所产生的新思想，他们乐意接受、支持新观念。在创造者提出新创意之后，他们擅长利用这些新创意，并找到资源支持新创意。

开发者：分析决策方案，他们有很高的分析技能。

组织者：提供结构。他们会设定目标，制订计划，组织人力，建立起种种制度，以保证按时完成任务。

生产者：提供指导并坚持到底。他们坚持按时完成任务，保证所有的承诺都能兑现。他们引以为荣的是自己生产的产品合乎标准。

核查者：检查具体细节。他们善于核查细节，并保证避免出现任何差错。

支持者：处理外部冲突和矛盾。他们在支持团队内部成员的同时，会积极地保护团队不受外来的侵害，他们能够增强团队的稳定性。

建议者：寻求全面的信息。他们在鼓励团队作决定之前充分搜集信息，而不是匆忙决策，在这方面起着非常重要的作用。

联络者：倾向于了解所有人的看法。他们是协调者，是调查研究者，他们不喜欢走极端，而是尽力在所有团队成员之间建立起合作关系。

通常人们只愿意承担2至3种角色，因此，管理者必须要进行个人优势分析，将人格特质、个人偏好和角色要求适当匹配，打造一辆能高效运转的"团队战车"。

第三，领导定位恰当。

在创业团队的链条中，创业者们必须按环境的需要和规律的需要给自己定位。整个创业团队的领导者不再是最擅长政治的人，不是最有勇气的人，甚至不是最大的股东，而是"财智"的所有者。更浅显一点地说，这是一个从前的"谋士"、"幕僚"要逐渐走上前台，而权力者退居幕后的时代，权力在"财智"时代的功能是服务！

优秀的领导者不一定非得指示或控制，高效团队领导者往往担任的是教练和后盾的角色，他们对团队提供指导和支持，但并不试图去控制它。很多管理者已开始发现这种新型的权力共享方式的好处。在新创企业业务略有起色时，领导者要对自身角色进行重新定位，考虑起用专业人员来分担自己的任务；即使创业成功，领导者也不能简单沉溺于做老板，而要不断给自己充电。

团队合作的四大基石

团队合作不是停留在口头上的口号，而是需要扎扎实实的东西作支撑。信任、冲突、行动、执著，这是团队合作的四大基石。任何团队如果做不到这4点，最终都会像没有根基的大楼一样岌岌可危。

第一，以人性脆弱为基础的信任。

要建设一个具有凝聚力并且高效的团队，第一个且最为重要的一个步骤，就是建立信任。这不是其他任何种类的信任，而是坚实的以人性脆弱为基础的信任。

这意味着一个有凝聚力的、高效的团队成员必须学会自如地、迅速地、心平气和地承认自己的错误、弱点、失败，并求助于他人。他们还要乐于认可别人的长处，即使这些长处超越了自己。

在理论上，或在幼儿园里，这并不很困难。但当一个领导者面对着一群有成就的、骄傲的、有才干的员工时，让他们解除戒备、甘冒丧失职务权力的风险，是一个极其困难的挑战。而唯一能够发动他们的办法，就是领导者本人率先做出榜样。

对于很多领导者来说，表现自己的脆弱是很难受的事情，因为他们养成了在困难面前展现力量和信心的习惯。在很多情况下这当然是一种高尚的行为，但当犹疑的团队成员需要他们的领导者率先脱光衣服、跳进冷水中，展现以人性脆弱为基础的信任时，这些高尚行为就必须弱化。

其实这反而需要领导者具有足够的自信来承认自己的弱点，以便让别人仿效。我认识的一位 CEO，由于没能在团队中建立信任，结果目睹着自己的企业衰落。其中一个重要原因，就是他没能带头塑造以人性脆弱为基础的信任。就像一位曾经是他的直接下属后来对我所说的：“团队中没有人被允许在任何方面超过他，因为他是CEO。”其后果是团队成员彼此之间也不会敞开心扉，坦率承认自己的弱点或错误。

以人性脆弱为基础的信任，在实际行为中到底是什么样的？像团队成员之间彼此说出“我搞砸了”“我错了”“我需要帮助”“我很抱歉”“你在这方面比我强”这样的话，就是明显的特征。以人性脆弱为基础的信任是不可或缺的。离开它，一个团队不能或许也不应该产生直率的建设性冲突。

第二，良性的冲突。

团队合作一个最大的阻碍，就是对于冲突的畏惧。这来自于两种不同的担忧：一方面，很多管理者采取各种措施避免团队中的冲突，因为他们担心丧失对团队的控制，以及有些人的自尊会在冲突过程中受到伤害；另外，一些人则是把冲突当做浪费时间。他们更愿意缩短会议和讨论时间，果断做出自己看来早晚会被采纳的决定，留出更多时间来实施决策，以及其他他们认为是"真正的"工作。

无论是上述哪一种情况，CEO们都相信他们在通过避免破坏性的意见分歧来巩固自己的团队。这很可笑，因为他们的做法其实是扼杀建设性的冲突，将需要解决的重大问题掩盖起来。久而久之，这些未解决的问题会变得更加棘手，而管理者也会因为这些不断重复发生的问题而越来越恼火。

CEO和他的团队需要做的，是学会识别虚假的和谐，引导和鼓励适当的、建设性的冲突。这是一个杂乱的、费时的过程，但这是不能避免的。否则，一个团队要建立真正的承诺，就是不可能完成的任务。

第三，坚定不移地行动。

要成为一个具有凝聚力的团队，领导者必须学会在没有完善的信息、没有统一的意见时做出决策。而正因为完善的信息和绝对的一致非常罕见，决策能力就成为一个团队最为关键的行为之一。

但如果一个团队没有鼓励建设性的和没有戒备的冲突，就不可能学会决策。这是因为只有当团队成员彼此之间热烈地、不设防地

别偏废了团队和个体 第六章

165

争论，直率地说出自己的想法，领导者才可能有信心做出充分集中集体智慧的决策。不能就不同意见而争论、交换未经过滤的坦率意见的团队，往往会发现自己总是在一遍遍地面对同样的问题。实际上，在外人看来机制不良、总是争论不休的团队，往往是能够做出和坚守艰难决策的团队。

需要再次强调的是，如果没有信任，行动和冲突都不可能存在。如果团队成员总是想要在同伴面前保护自己，他们就不可能彼此争论。这又会造成其他问题，例如不愿意对彼此负责。

第四，无怨无悔才有彼此负责。

卓越的团队不需要领导者提醒团队成员竭尽全力工作，因为他们很清楚需要做什么，他们会彼此提醒注意那些无助于成功的行为和活动。而不够优秀的团队一般对于不可接受的行为，采取向领导者汇报的方式，甚至更恶劣，如在背后说闲话。这些行为不仅破坏团队的士气，而且让那些本来容易解决的问题迟迟得不到处理。

承担责任看似简单，但实施起来则很困难。要教会领导者如何就损害团队的行为批评自己的伙伴，不是一件容易的事情。但是，如果有清晰的团队目标，有损这些目标的行为就能够轻易地得以纠正。

团队合作并非是难以理解的理念，但当所涉及的人是具有坚强意志、自身已经成功的领导者时，它极其难以实现。团队合作并非不值得经历这些艰辛，但其回报鲜见且又代价高昂。如果领导者没有勇气强迫团队成员去实现团队合作所需的条件，还不如彻底远离这个理念。不过，这又需要另一种勇气——不要团队的勇气。

你对"核心员工"了解多少

"核心员工"是近来人力资源管理中流行的一个概念。很多公司的老总和 HR 总监都认同这一概念,认为核心员工很重要。然而,究竟什么是核心员工?是不是高层主管和技术人才就是"核心员工"?这个问题恐怕老板本身也不一定能回答上来。

第一,分清谁是核心员工。

备份,是个不折不扣的 IT 词汇。备份的目的是为了防止信息、文件损坏和丢失。同样道理,"人才备份"是防止因员工流失引起损失的重要工具。但是,活的人才不同于死的文件,某些人身上特有的才华是很难备份的。由此,逆向思维就可发现,能否进行人才备份是甄别核心员工的最重要工具:备份不了的就是"不可代替",就是核心员工。那么,核心员工又该如何来判断呢?且让我们来听听一位经理人的判断方法——

"我们公司有个技术经理 A,在公司中没有人能比他做出更好的业绩(相同岗位上的),在外部以大致相当的条件(薪酬水平等)也难以找到比他更合适的人,那么,A 就是核心员工。"

"如果在外部以很低的条件,能够找到比他更有技术能力的 B,但 B 没有领导团队的能力,或与相关部门难以合作,那么,A 仍然是难以代替的核心员工。但如果 B 在角色能力上比 A 优,在薪酬要

别偏废了团队和个体

第六章

167

求上比 A 低或大致相同，也就是说，在人力资本的'性价比'上比 A 更优，那么，A 就不是核心员工。"

再举个极端的例子："我们公司有个员工打字极快，总是提前完成工作，还有出色的编辑修改能力，从来没有错别字，待遇要求又低。交到她手里的稿件、合同，上级从来不用再修改，因为她打字最快，同时负责品管检验工作，平时其他打字员的一些错误都是她检查出来的。"

"由于我们企业是个小型国营企业，没能很好地去关注这样的员工，结果她走后，单位不得不找两个人来代替原先她一人的工作。而人多了工作就不好协调，引起一定的混乱。新来的员工又经常打错字，结果有一次竟然把合同打错，给公司招致了较大损失。"

由此可见，所谓"核心员工"其实与职位的高低没有必然的关系，因此，不能认为只有 CEO、CFO、CIO 等角色才是核心员工。相对于其他一般的打字员，该打字员绝对是核心员工，尽管她在公司的职务很低，然而她优秀的角色能力存在一定的"不可代替性"。

第二，不可替代更需未雨绸缪。

也许，这位经理把那个打字速度飞快的打字员定义为"核心员工"有些难以服众，但是就他提出的"不可替代性"，确实是一个企业需要深思的问题。不可替代就更需要未雨绸缪，因此，核心员工的备份问题也成了企业最为头疼的难题之一。

在国内的一些企业当中，像海尔集团就做得比较好，同一产品，不仅国内有研发小组，在国外也有很多科研机构同时开发，即使有几名技术人员流失，也不会对企业产生太大影响。做好人才备份，一方面要强化人才的储备和技术培训，使某项关键技术不会只被一两人独占；另一方面，同一尖端技术岗位至少要有 2 至 3 人同时在位。

对于非技术岗位的某些重要职位，可采取设立后备人员的培养计划，让这些"替补人员"提前熟悉将来的工作。一旦发生这些岗位人员的流失，候选人能在最短的时间内胜任工作，从而降低了由于员工空缺而造成的损失。

另外，建立一个计算机化的人力资源信息系统，将企业内外部有关人力资源的信息集成为一个信息包，可以方便和增强管理者对这些信息的管理。企业内部信息包括在职人员信息、离职人员信息、人才储备信息、员工工作动态跟踪信息等。通过这些信息，企业可以随时了解知识型员工离职率变动情况以及离职原因，从而有针对性地及早采取相应措施。

比如，根据企业以往的平均离职率，可以预测这一阶段的离职人员数。根据这一情况，提前从人才储备库中挑选后备人员进行培训，这样就降低了离职发生时岗位长期空缺的可能性。离职原因信息还可以帮助企业更好地制订用人、留人政策。企业外部信息主要包括同业人员信息、同业人才需求信息、人才供给信息等。

通过对人才供给状况的了解，企业可以快速有效地为知识型员工流失后的空缺岗位补充优秀人才。而同业人员信息中，了解其他企业特别是直接竞争对手企业中，知识型员工的薪资福利水平和政策，以及行业平均薪资水平，可以帮助企业更好地制订本企业薪酬政策，防止因薪资问题而导致"核心员工"的流失。

第三，要红花也要绿叶。

"核心员工"的"备份"问题被提到了一个如此高的地位，这是老板们乐意看到的，但是，作为企业来讲，"非核心员工"就如粪土一般不值钱吗？让我们再来听听一位经理人的心声。

"说实话，公司就像是一个很自私的机构，老板会自然变得自私起来，可以为了自己的利益而想尽办法来使自己壮大，压榨员工。很多公司的老板都没有意识到做公司就是在做人，应该在为了公司的同时也为员工考虑。怎么叫'核心员工'？在自私的老板眼里，就只剩下那些能为公司创造最大利益的'核心员工'了，而忽略了那些其实也在勤勤恳恳为公司默默无闻地工作的'非核心员工'。"

"要知道没有'绿叶'（所谓的非核心员工）的支撑和养护，'红花'（所谓的核心员工）终究是要夭折的。作为经理人，我们要为老板也要为员工着想，我们不能只想着如何去留住'核心员工'，而忽略了'非核心员工'的去留。"

"我们应该让老板明白，公司里没有'核心员工'与'非核心员工'之分，只有工作的分配不同而已。在公司里应该创造一种职业无贵贱的工作环境。我们还要想方设法帮助所有员工发展自我，特别是那些所谓的'非核心员工'！"

别只盯着团队中的超级明星

在大部分组织中，都有一些"明星员工"。他（她）们可能是在外界声名远扬的"超级明星"，也可能是那些有希望进入核心管理层的年轻管理者，或者是那些优秀的业务能手。一般来说，他们是那些对业绩贡献最大的人，公司的未来也常常掌握在他们手中。

"明星员工"的出现，既是公司的需要，也是员工个人的需要。在个人的社会，员工试图建立个人品牌的努力，使得他们以新的方式管理个人职业生涯。对公司来说，以提供专业服务的组织如咨询公司为例，员工不论是在外部、内部管理或者业务方面的声誉，都有助于提升业绩。那些声名远扬的咨询顾问能吸引客户，在内部有口碑的项目经理可以组建优秀的团队，而某个业务方面出众的员工，自然对更好地完成项目有帮助。

不要眼中只有超级明星，要强调团队精神。就像一个球队，如果只强调超级明星，不强调全体的努力，是难以取胜的。麦当劳有一句话："我们公司没有店长，店长是叫给外人听的。"麦当劳的店长也要替客人点餐，这是公司总部的规定。全世界麦当劳的员工不分职位都要替客人点餐。他们体会到，公司能有今天的成功，靠的是全体员工，不是哪一个超级明星的功劳。

如果你把你那一行最顶尖的人全请到你公司去，那一年结束，还是只有一个人能争取到排行第一的位置。为什么？因为这么多顶尖好手根本不存在，而且就算他们存在，也只有一个第一，而其他的人得到的是落选者的头衔。一个公司真正的超级明星是很少的，公司大部分的业务都是那些一般员工做的。只重视超级明星，唯一的结果是降低管理绩效、减少公司业绩。

即使公司有超级巨星，也要淡化他的贡献，如果自己是超级巨星，更要有这种胸怀。管理者要把90%的爱放在90%的人身上，不要把90%的爱放在10%的人身上，那样对另外90%的人不公平。凡是为公司作出贡献的人都应看成公司的英雄，这样公司就成了一

171

个团队。

很多公司去挖一些有名气的人，把他们当成超级明星请来，但我们却常常没多久就听到他们分道扬镳的结局。为什么？因为一些超级明星不会感恩，他们认为能有今天是自己努力的结果，不是公司栽培的结果；他们不合群，认为自己在公司是鹤立鸡群，而且还不妥协；碰到公司有难，还常常不愿意委屈自己；他们除了要求高薪以外，对公司没什么贡献。所以，做老总的不要眼中只有超级明星，要重视栽培部下，让部下变成明星。

管理这些超级明星员工，关键是为他们创造一个好的团队环境，团队成功的价值远超过个人明星，并且不能让团队成员等待他有奇迹般的演出。以 NBA"飞人"乔丹的经历为例，在 1995 年复出时，乔丹神话处在最顶峰，当时的论调是"他是最伟大的运动员，所以芝加哥公牛队自然可以赢得冠军"。结果是怎样的情形？球员为他的球技所迷，打起球来反而像是看戏的观众。这是因为那些曾经和他熟识的队员大多不在，他复出后引起的骚动，使他很少能和队员们在一起训练，并且时刻被大批保镖和私人随从环绕，这些都使得他和队员产生了疏离感。

管理超级明星员工，首先就是管理他的队友、"追随者"，让他们知道自己是团队平等的一员，要调节好他们对超级明星的心理预期；其次是管理他的上司、领导者。正如一个球队的教练一样，领导者绝对不能期望在超级巨星离场后，会有新的巨星到来（这可能发生，但不能将全部希望寄托于这一可能），他需要建立一个基于新的运行逻辑的团队。

别忽视了每一个成员的个性

　　有的管理者崇尚制度，把制度建设深入到管理工作的每一个角落，但一个不良的管理倾向却出现了，认为制度可以包办一切。而事实并非如此，管理工作如果忽略员工个性，只是简单地把员工看做流水线上的一环，就不可能有好的效果。

　　管理要以踏踏实实的心态，从细处入手，关注下属的个性。

　　比如，我们的内心常会随着工作和身体状况而改变，如果能够敏锐地掌握下属内心的微妙变化，就可以适时说出合适的话或者是采取合适的行动。

　　管理人的工作也许是最难办好的事情了，这大概是每一个管理者的心声。哲学家说："在天底下没有两片完全相同的树叶。"人也是。人的个性就是那千差万别的树叶。所以，一位资深的领导就有了这样的感言："人能聚到一起是个开始，能在一起相处是个进步，能在一起工作就是成功了！"

　　个性相近者一般来讲便于搞好关系，例如两个热情、易冲动的人在一块儿做事，会彼此对对方办事感到满意；如果是两个同样抑郁寡欢的人在一起会感到加倍的烦闷。个性相反者大多不易搞好关系，出现类似"水火难容"的个性冲突。但也有许多性格不同的人能够取长补短，很好地相互配合。因此，可以得出这样的结论，个

173

性相同与否无关紧要，关键在于个性是否能够相容。

现代化的管理艺术要求每一个管理者对自己下属的个性都有充分的了解，并根据这种了解得出结论：某人与某人，或某几个人与另外几个人性格可以相容，这时就可以考虑把他们安排在一起工作。

在国外，许多人事经理给每一个下属建立"个性卡片"，有个别公司还有独具特色的"个性申报制度"，即由职工自己申明自己的个性，这种做法是非常明智的。

人事档案在我国恐怕是最为复杂繁多的材料了，然而并没有哪一个人事部门的档案里有关于个性方面的调查，也从来没有哪个用人部门在交给新录取者填写的厚厚的、一式三份的表格里有"性格"一栏，如果有，那也只占用有限的篇幅。

事实上，这是非常重要的，让被管理者"坦白"自己的个性，是对该人人际知觉的最好的调查，这种调查是任何客观观察所不可能取代的，因为它至少可以告诉我们两个问题，即"我认为我是个什么样的人"，"我希望别人怎样与我共事"。

现在有的管理者不做这样的卡片或表格，并不是他们对每个下属的个性了如指掌，而是对此项工作的重要性缺乏认识或懒于做这项细致的工作。

管人最忌心态浮躁，对于制度的过分依赖显然助长了这一浮躁心态。但请千万记住，只要是关于人的工作，细致入微地关注人的方方面面永远是不可缺少的。

别激化了团队和个体之间的矛盾

团队工作不同于一般的工作，原因在于它是由不同性格的人所构成的。有人的地方就会产生矛盾，在团队中，管理者必须理解、接受，并尽可能地平衡这些矛盾。

第一，容纳个体的不同，达成集体的一致和目标。

第一个矛盾，是需要包容个体的不同，并达到集体的一致和目标。团队的有效性常常需要混合不同的个体。团队为了从多样性中获益，它必须具有允许不同的声音——观点、风格、优先权——表达的过程。

这些不同的声音实际上带来了开放，这不可避免地产生冲突，甚至有团队成员之间的竞争。过多的冲突和竞争会导致一个"胜负"的问题，而不是合作解决问题的方法。这就需要集合个体的不同，从而激励他们追求团队的共同目标。有效的团队允许个体的自由和不同，但是所有团队成员都必须遵守适当的下级目标或团队日程安排。

第二，鼓励团队成员之间的支持和对抗。

如果团队成员的多样性得到承认，不同的观点被鼓励，团队就需要发展一种成员之间互相激励和支持的文化。在这种文化环境下，团队成员之间有一种内聚性。他们对其他人的想法真正感兴

175

趣，他们想听到并且区分谈论的内容。他们愿意接受其他具有专长、信息或经验，和当前的任务或决策相关人员的领导和影响。

但是，如果团队成员太过于互相支持，他们会停止互相对抗。在内聚力非常强的团队中，当反对不同意见时，保护和谐与友好关系的强硬的规范，会发展成为"整体思想"。成员将会抑制他们个人的想法和感受，不会再互相批评对方的决策和行动，这时需要付出相当大的个人成本。

团队决策时将不会出现不同意见，因为没有一个人想制造冲突。如果持续出现这种情况，团队成员很可能产生压抑的挫折感，他们将只是想"走自己的路"，而不是真正解决问题。有效的团队要想办法允许冲突，而又不至于因此而受损。

第三，注意业绩、学习和发展。

第三个矛盾，是同时兼顾当前的业绩和学习。管理者不得不在"正确的决策"和未来经验积累的支出之间选择。团队成员犯错误应该被认为是因学习而付出的成本，而不是作为惩罚的原因，这将鼓励发展和革新。

第四，在管理者权威和团队成员的判断力、团队自治间取得平衡。

第四个矛盾，就是在管理者权威和团队成员的判断力，以及团队自治三者之间，取得微妙的平衡。管理者不能推脱团队业绩最终的责任，授权并不意味着放弃控制。给团队成员越多的自治，他们遵守共同的进度就显得越加重要。

有效的团队是灵活的，他们可以在管理者权威和最适合的团队解决方案之间取得平衡。实际上，在功能完善的团队，成员之间高度地互相信任，管理者在做出某些决定时不必讨论，也不必解释。相反，无效的团队中缺乏信任感，即使管理者做出最明白的决定或无关紧要的建议，团队成员都要提出疑问。

第五，维护管理关系三角，即管理者、个体、团队。

对于管理者来说，由于他们最终具有正式的权威，所以他们理解这一点非常重要。团队管理者的作用是管理关系三角，即管理者、个体、团队。这三者处于等边三角形的三个顶点。

管理者必须关心三方面的关系：他们和每一个团队成员个体的关系；他们和作为整体的团队的关系；每一个团队成员个体和团队整体的关系。任何一条关系都受其他两条关系的影响。当管理者不能很好地管理这个关系三角，使他们求得平衡时，团队成员之间的不信任和不良影响呈螺旋式加速蔓延。

第六，团队管理的挑战——将团队成员团结在一起。

由于团队的复杂性，难怪很多团队经常不能充分发挥他们的潜能。有效的团队不是自然形成的，管理团队必须提前把团队成员团结在一起。很多管理者逐渐明白，如果他们在管理团队的过程中，和团队成员分担责任和权威，从管理团队边界到管理团队本身，团队会更有效。

如果所有团队成员齐心协力，将取得有效的团队业绩。我们又一次看到，授权是管理者面对竞争现实可以依赖的工具。一位优秀的团队管理者发现："我最终认识到我的责任，包括把优秀的人员集合起来，创造良好的环境，然后制订出解决问题的方案。"当然，在事情进展过程中，这个责任说起来容易，做起来难。

別偏废了团队和个体

第六章

177

处理团队冲突切莫鲁莽

　　团队成员之间总会有这样那样的冲突。有的冲突是正常的，能够推动团队目标的实现；而有的冲突则是不正常的，需要进行及时地解决。作为管理者，在处理团队成员之间的冲突时，一定要审慎，既要注意保持团队的团结一致，又要注意不能伤及员工的积极性。

　　在办公室，员工李华和刘刚争吵了起来。经理张山听到了争吵声，出去把李华和刘刚带了回来。气愤的张山愤怒地斥责李华："那么冲动干吗？工作做好了吗？就只会胡闹。还有你，"张山把怒火对准了刘刚，"不知道这儿是办公室啊？以后要吵出去吵！回去干活去！下午每人给我写份检讨报告。"

　　很显然，张山不是当一个合格的调解员，而是各打五十大板完事。张山的这种处理方式很古老，并且，对于解决李华和刘刚的冲突一定没有作用，更无益于团队工作的效率提高。或许，李华和刘刚之间都有错，也可能仅仅是一个人的错。但是，无论错误在谁，作为一个管理者的张山至少应当查明他们争吵的原因，了解问题到底出在哪儿。这是对李华和刘刚应负的责任，也是对整个团队工作的负责。团队成员之间有矛盾存在，就应当去解决，而不是各打五十大板就万事大吉。这样做的结果只能使矛盾在黑暗中激化，使团队的工作变得更加糟糕。

那么，该如何调解并处罚下属之间的冲突呢？

遵照一个公正的、系统的方法来行事，可以保证不会使自己陷入困境和逾越自己的权力范围。下面的几个步骤，可以帮助你正确地处罚正在交战的下属，并能够赢得他们的尊敬和信任。

1. 要求他们进行自我陈述，即从各自的角度去陈述已经发生的事实

可以将他们叫到一个房间里面，让他们每个人对已经发生的问题作一下自我陈述。要求他们以"我"开头。比如"我做了……"或者"我看见……"等。例如，"我对这个问题已经尽了我的最大努力，但是他还是责怪我不努力"。

以"我"开头有一个好处，可以避免指责对方所带来的反抗，从而更加有助于解决问题。在作"我"的陈述时，如果你觉得有必要，可以让他们把自己对事件的陈述写下来。很多下属可能在口头上并不能说清楚问题，但是在纸上可以表达得很清楚。如果双方对事实的陈述有不同的话，你也可以经由书面的语言来发现他们争议的焦点，这样有助于解决问题。

你应当问清楚发生争议的下属，他们是在什么样的假设基础上做出此种行为。通常情况下，他们之间的矛盾，实际上是因为他们的行为被假设为相互冲突而造成的。

2. 换位思考，让他们从对方的角度来陈述问题

他们可以说"李华认为……"或"刘刚看见……"等。例如你在要求李华陈述时可以让他这样开头："刘刚看见我坐在椅子上没有动，以为我是在偷懒，实际上当时我是在思考一个问题……"让每一位下属都站在对方的立场上看问题，可以让彼此之间相互体

谅和谅解。同时，复述也可以认证一些模糊不清的问题，使之清晰化，为下一步解决问题奠定基础。

3. 找出并强化共同的需要

让双方都认识到在他们之间存在着很重要的共同需要，让他们说出："是的，那是很重要的。"建立起同意的基础、理解的基石，使双方认识到他们共同的需要，共同的需要催生共同的话语。共同的东西可以使下属联合起来，将双方的注意力都吸引到共同的目标上来。

4. 找出问题解决的方案

解决问题的方法可以由你帮他们决定，但是，更好的办法是让他们双方共同努力，积极主动地找出问题的解决方法。在他们已经认识到的共同需要的基础上，要求双方拿出积极的、有效率的方案来解决问题，达到共同的目标。假如他们正在犹豫不决，或暂时没有解决相处问题的方法的话，可以给他们一两天的时间好好考虑。记得向他们说明白："希望你们能够拿出一个具体的、具有建设性的方案，然后一起努力地去实施。"

5. 对错误的行为开始处罚

调解结束后，就是对双方错误行为的处罚。有时候，可能对双方进行处罚的必要性很小，例如认错态度很好、双方很快达成谅解等，这时候可以不对他们进行处罚。但是，一定要让犯错者认识到他们的行为所导致的后果，由你告诉他们或者由他们自己说出。这样做的目的是告诉他们："不是你们没有错，而是这次饶恕了你们。"

6. 当处罚他们的时候，一定要一对一地进行

你可以先把李华叫到你的办公室，然后告诉他处罚的结果，接着告诉他，如果按照公司的规定和政策，他将会得到比这更为严厉

的处罚。但是，这次由于他良好的认错表现，你对他宽大处理，希望他能够从中吸取教训，下次不再犯同样的错误。

7. 对下属的处罚结果实施监督

你可以为被处罚下属制订出一个处罚时间表，在这个时间表上设置开始的期限和最终的期限。假如你正在处罚下属，你也应该提出一个时间的框架，以便他们能够知道由于他们的错误行为导致的处罚什么时候可以结束。

总之，你的工作就是为下属创造一个纪律性强、富有效率，或者其他能够表达这种意义的工作环境。

通过上述的步骤，我们可以发现两个关键问题。

第一步，把要做的事情做完。不能因为分歧和矛盾而耽误工作的进展。

第二步，对错误的行为进行处罚。不能因为工作已经做完，双方已经找到问题的症结或已经认识到自己的错误，而不对错误行为进行处罚。

别忽视了竞争的威力

我们正处在一个充满竞争的时代，管理者必须重新界定自己和企业的地位。无论你的企业是赢利的或非赢利的，都必须面对高利润企业的高效率竞争，若不及时反省管理原则，随时都有可能惨遭淘汰。

管理者应向部属说明企业竞争力的重要性。强有力的竞争，可以促使员工发挥高效能的作用。因此，在对下属的管理中，引入竞争机制，让每个人都有竞争的意识并能投入到竞争之中，组织的活力就永远不会衰竭。

心理科学实验表明，竞争可以增加一个人50%或更多的创造力。每个人都有上进心、自尊心，耻于落后。竞争是刺激他们上进的最有效的方法，自然也是激励员工的最佳手段。没有竞争，就没有活力、没有压力。组织也好，个人也好，都不能发挥出全部的潜能。

美国企管专家认为，没有竞争的后果的主要原因有：一是自己决定唯一的标准；二是没有理由追求更高的目标；三是没有失败和被他人淘汰的顾虑。

当前，我们许多企业办事效率不高、效益低下，员工不求进取、懒散松懈，从根本上说，是缺乏竞争的结果。鉴于此，要千方百计将竞争机制引入企业管理中。只有竞争，企业才能生存下去，员工才能士气高昂。

竞争的形式多种多样，例如，进行各种竞赛，如销售竞赛、服务竞赛、技术竞赛等；公开招投标；进行各种职位竞选；用几组人员研究相同的课题，看谁的解决方式最好，等等。还有一些"隐形"的竞争，如定期公布员工工作成绩，定期评选先进分子等。你可以根据本企业的具体情况，不断推出新的竞争方法。

竞争中要注意的问题是竞争的规则要科学、合理，执行规则要公正。要防止不正当竞争，培养团队精神。有些竞争不但不能激励员工，反而挫伤了员工士气。如果优秀者受到揶揄，就是规则出了问题，不足以使人信服。

竞争中任何一点不公正都会使竞争的光环消失，如同一场裁判偏袒一方的足球赛。如竞选某一职位，员工知道领导早已内定，还会对竞选感兴趣吗？如进行销售比赛，对完不成任务的员工也给奖，能不挫伤先进员工的积极性吗？失去了公正，竞争就失去了意义，只有公正才能达到竞争的目的。

凡是竞争激烈的地方，经常发生不正当竞争，如不再对同事工作给予支持，背后互相攻击、互相拆台；封锁消息、技术、资料；在任何事情上都成为水火不相容的"我们和你们"；采取损害公司整体利益的方法竞争等，这些竞争势必破坏团队精神。企业的成功依赖于全体员工的团结、目标一致，而不正当的竞争足以毫不含糊地毁掉一个组织。

为了避免不正当竞争的弊端，一是要进行团队精神塑造，让大家明白竞争的目标是团队的发展，"内耗"不是竞争的目标；二是创造一个附有奖励的共同目标，只有团结合作才能达到；三是对竞争的内容、形式进行改革，剔除能产生彼此对抗、直接影响对方利益的竞争项目；四是创造或找出一个共同的威胁或"敌人"，如另一家同行业的公司，以此淡化、转移员工间的对抗情绪；五是直接摊牌，立即召见相关方面把问题讲明白，批评彼此暗算、不合作的行为，指出从现在开始，只有合作才能受到奖励，或者批评不正当竞争者，表扬正当竞争者。

不可否认，竞争确有负面的影响，尤其在员工素质较差时，可能会出现一种无序的恶性竞争或不良竞争，影响企业的发展。但竞争的好处是显而易见的，利大于弊。领导者还是大胆地鼓励竞争吧！只有平庸的员工才害怕竞争。

让竞争激发团队活力

在有的企业中，很少看到员工间产生冲突。这并不是说那里没有矛盾，而是企业的管理者成功地变冲突为竞争，用合理的竞争引导员工，把员工的着眼点由彼此争夺转到相互赶超上。这不仅协调了员工间的关系，也提高了企业的效率，同时从另一个角度体现了公平公正的管理原则。

要制造良性的竞争气氛需从以下几个方面入手。

第一，制造一个竞争者。人的情绪往往都有高潮和低潮的时候，这也同样会反映在工作上。当一个人情绪好的时候，对他人的过错都比较容易包容，从而减少了相互间冲突的概率；而情绪差的时候则刚好相反。管理者不可能随时去照顾每一名员工的情绪，要想从根本上解决问题，只有给员工制造一个竞争对手，引起他们的关注，从而引导他们的情绪。

有一家铸造厂，该厂的老板经营着好几个工厂，但其中有一个工厂的效益并不是太好，从业人员也没有太大的干劲，不是缺席，就是迟到早退，交货总是延误，员工间也经常闹矛盾。该厂的产品质量低劣，消费者抱怨不迭。虽然这个老板已经指责过该厂管理人员，也用过很多办法激发该厂从业人员的士气，但始终都没有起到什么效果。

有一天，这个老板发现，他交代给现场管理员办的事，一直没有解决，于是他就亲自出马了。这个工厂实行的是昼夜两班轮流制，他在下夜班的时候，拦住了一个夜班的作业人员，并问道："你们的铸造流程一天可以做几次？"作业员答道："6次！"老板听完后什么也没说，只在地板上用粉笔写了一个"6"。紧接着，早班的工作人员进入工厂上班，他们在工厂门口看到了用粉笔写在地上的"6"字，随后他们竟然改变了"6"的标准，做7次铸造流程，并在地板上重新写了一个"7"字；到了晚上，夜班的作业人员为了刷新纪录，做了10次铸造流程，而且在地面上写了一个"10"字。过了一个月，这个工厂变成了这个老板所经营的几个工厂之中成绩最好的一个了。

　　这个老板仅仅用了一支粉笔，就重整了工厂的士气。而员工为何突然产生了士气呢？这是因为有了竞争对手。作业员做事一向都是拖拖拉拉、无精打采，可是在有了竞争对手之后，便激发了他们的士气。

　　每个人都有自尊心和自信心，潜在的心理都希望"站在比别人更有优势的地位上"，或"自己被当成重要的人物"。从心理学角度讲，这种潜在心理就是自我超越的欲望。这种欲望是构成人类干劲的基本因素。

　　这种自我超越的竞争欲望，在有特定的竞争对象时，其意识会特别的鲜明。比如一个学生，在他想得第一名的时候，他就会产生打垮竞争对手的意识，所以他才会更加地努力用功。

　　只要能够正确地利用这种心理，并设定一个竞争对象，让对方知道这个竞争对象的存在，就一定能成功地激发一个人的干劲。但是，如果我们以直接的方式告诉对方，说"他就是你的竞争对手"，效果则较差，因为这样好像是给了对方一个强制性的压力，使对方有了警戒的心理，反而会在心理上产生一定程度的反抗。

第二，让员工充满竞争意识。有竞争才有压力，有压力才会有动力，有动力才会有活力。企业引进竞争机制，培养员工的竞争意识，能有效地激励员工追求上进，激发他们的学习动力，转移他们的兴奋点，从而减少矛盾，而公司上下也将生机勃勃。这是管理者做好管理工作的艺术，也是企业取得成功的关键。

两个人在森林里，遇到了一只大老虎。小赵赶紧从背后取下一双更轻便的运动鞋换上。小王急死了，喊道："你干吗呢，再换鞋也跑不过老虎啊！"小赵说："我只要跑得比你快就好了。"企业之间的竞争犹如大鱼吃小鱼般残酷，但人才竞争又何尝不是狮子和羚羊之间的比拼。没有危机感是最大的危机。管理中的竞争策略会告诉每个员工，随时准备一双轻便的跑鞋，随时迎接迎面而来的诸多变数。

每个在商战中打拼的人都希望自己能赶在别人的前面，更快、更准地在第一时间发现新的契机。他们深知"早起的鸟儿有食吃"这个道理。但是，任何企业都有其成长的最佳速度，当企业发展过快时，就会自动调整以适应企业的发展。对于企业的员工来说，更应该协同企业发展，规划自己的职业生涯，落后于企业的发展就会被淘汰，超过企业发展速度就会对滞后的企业管理系统不满，产生颓丧情绪，产生最严重的进取无力感，甚至成为放弃行动的借口。适当的竞争机制可以让这些希望快速发展的员工感到成就感，释放与企业发展不协调而产生的无力和颓丧情绪。

每个员工都要培养自己的竞争能力，使得自己变得不可替代，这也成就了自己在这个企业里的地位。员工在竞争环境中的自我超越，不会影响企业原有的良好管理。员工在企业的竞争性学习氛围中，诸如培训、比赛、娱乐等，逐渐发现自己的优势，构建工作信心，培养工作激情，协调相互关系，并能更好地将个人价值感和企业价值观结合起来。

　　第三，防止恶性竞争。每一位管理者都应该十分明白，无论在什么样的条件下，员工之间是一定会存在竞争的，但竞争分为良性竞争和恶性竞争。恶性竞争最容易引发员工冲突，管理者的职责就是要遏制员工之间的恶性竞争，并在遇到员工之间进行竞争时，积极引导他们参与到有益的良性竞争中。

　　每个人对美好的事物都有羡慕之心。这种羡慕之情来源于对别人拥有而自己没有的好的东西的向往。关系亲密的人，这种羡慕之心尤为显著。你也许不会去羡慕克林顿能当美国总统，但是，你可能会对你同事新提升为经理一事羡慕不已。这种情感有时会因为某种关系的确定而消失，例如，由恋人而变成夫妻，对方的长处就会被另一方共同拥有，此时，这种羡慕的想法就会消失。而当这种关系亲密的人的角色不能转换时，羡慕之情就会一直持续下去。比如说大家抬头不见低头见，工作上又相互较劲的同事之间；学习成绩不相上下，又竞争同一所名牌大学的同学之间，等等。一般来说，越是亲近，越是熟悉的人之间越容易产生羡慕之心。女人往往比男人更容易产生羡慕之心。

　　有的下属羡慕别人的长处，就会鞭策自己，努力工作，刻苦学习，赶超对方。这种人会把羡慕渴求的心理转化为学习、工作的动力，通过与同事的竞争来缩短彼此间能力的差距。这种良性竞争对部门有着很大的好处，它能促使部门内的员工之间形成你追我赶的学习、工作气氛，每个人都积极思索着如何提高自己的能力，掌握更多的技能，从而取得更大的成就。这样一来，整个部门的整体水平就会不断地提高，充满生机与活力。

但并不是所有的人都明白"临渊羡鱼，不如退而结网"的道理，他们会由羡慕转为忌妒，甚至是嫉恨。这种人不但自己不思进取，相反还会想出各种见不得人的花招打击比他们强的人，通过使绊、诬蔑等手段来拉先进的后腿，让大家扯平，以掩饰自己的无能。这种恶性竞争只会影响先进者的积极性，使得部门内人心惶惶，员工之间戒备心变强，提高警惕以免被暗箭所伤。如果整个部门长时间形成这样的气氛，那么员工的大部分时间与精力都会消耗在处理人际关系上，就是管理者也会被如潮涌来的相互揭发、抱怨给淹没，这样的部门还能有什么指望呢？

如果你是一位管理者，平日一定要关心员工的心理变化，在公司内部采取措施，防止恶性竞争，积极引导手下的员工参与到有益的良性竞争中来。总之，管理者是公司的核心和模范，他的所作所为对于公司的风气形成起到至关重要的作用。管理者必须从制度上和实践上两方面入手，遏制员工之间的恶性竞争，积极引导员工进行良性竞争，让大家心往一处想，劲往一处使，公司的工作才能越做越好。

第四，让员工有危机感。让员工保持一定的危机感，能够激发他们原有的潜力。优秀的员工通常能够在某些压力下工作得很好。如果公司尚不存在这种压力，就应该从外界把这种压力引进来，制造一种积极的紧张气氛，使其更具活力。

本田公司在一个时期曾陷入发展困境，公司的总裁本田宗一郎认为，如果将公司的员工进行分类，大致可以分为3种：不可缺少的干才；以公司为家的勤劳人才；终日东游西荡、拖企业后腿的蠢材。显然，本田公司最缺乏前两种人才。

但本田也知道，若将终日东游西荡的人员完全淘汰，一方面，会受到工会方面的压力；另一方面，企业也将蒙受损失。这些人其实也能完成工作，只是和公司的要求与发展相距远一些，如果全部淘汰，显然是行不通的。经过再三考虑，本田找来了自己的得力助手、副总裁宫泽，并谈了自己的想法，请宫泽出主意。宫泽告诉他，企业的活力根本上取决于企业全体员工的进取心和敬业精神，取决于全体员工的活力，特别是企业各级管理人员的活力。公司必须想办法使各级管理人员充满活力，即让他们有敬业精神和进取心。本田询问有何良策，宫泽给本田讲了一个挪威人捕沙丁鱼的故事，引起了本田极大的兴趣。

挪威渔民出海捕沙丁鱼，如果抵港时鱼仍活着，卖价要比死鱼高出许多倍。因此，渔民们想方设法让鱼活着返港，但种种努力都失败了。只有一艘渔船却总能带着活鱼回到港内，收入丰厚，但原因一直未明。直到这艘船的船长死后，人们才揭开了这个谜。原来这艘船捕了沙丁鱼，在返港之前，每次都要在鱼槽里放一条鲶鱼。放鲶鱼有什么用呢？原来鲶鱼进入鱼槽后由于环境陌生，自然向四处游动，到处挑起摩擦。而大量沙丁鱼发现多了一个"异己分子"，自然也会紧张起来，加速游动。这样一来，沙丁鱼就一条条活蹦乱跳地回到了渔港。

本田听完了宫泽讲的故事，豁然开朗，连声称赞这是个好办法。

宫泽最后补充说："其实人也一样，一个公司如果人员长期固定不变，就会缺乏新鲜感和活力，容易养成惰性，缺乏竞争力。只有外面有压力，存在竞争气氛，员工才会有紧迫感，才能激发进取心，企业才有活力。"本田深表赞同，他决定去找一些外来的"鲶鱼"加入公司的员工队伍，制造一种紧张气氛，发挥"鲶鱼效应"。

说到做到，本田马上着手进行人事方面的改革，特别是销售部经理的观念离公司的精神相距太远，而且他的守旧思想已经严重影响了他的下属。必须找一条"鲶鱼"来，尽早打破销售部只会维持现状的沉闷气氛。经周密的计划和努力，本田终于把松和公司销售部副经理，年仅 35 岁的武太郎挖了过来。

武太郎接任本田公司销售部经理后，首先制订了本田公司的营销法则，对原有市场进行分类研究，制订了开拓新市场的详细计划和明确的奖惩办法，并把销售部的组织结构进行了调整，使其符合现代市场的要求。上任一段时间后，武太郎凭着自己丰富的市场营销经验和过人的学识，以及惊人的毅力和工作热情，得到了销售部全体员工的好评。员工的工作热情被极大地调动起来，活力大为增强，公司的销售出现了转机，月销售额直线上升，公司在欧美及亚洲市场的知名度不断提高。

本田对武太郎上任以来的工作非常满意，这不仅在于他的工作表现，而且销售部作为企业的龙头部门带动了其他部门经理人员的工作热情和活力。本田深为自己有效地利用"鲶鱼效应"的作用而得意。

从此，本田公司每年重点从外部"中途聘用"一些精干利索、思维敏捷的 30 岁左右的主力军，有时甚至聘请常务董事一级的"大鲶鱼"，这样一来，公司上下的"沙丁鱼"都有了触电似的感觉。

第七章
别让管理变得冷冰冰

在企业中，很多管理者把自己当成高高在上的主宰者，对下属呼来喝去，把下属看成没有感情的机器人。虽然表面上，员工对上司敬畏有加，但从内心里，缺乏人性化的管理，已经让员工失去了对工作的热情，工作在他们眼中只是混饭吃的工具，长此以往，企业肯定深受其害。管理者一定要实行人性化管理，多多关注员工的需求，真正地关心、支持下属，让员工切实感受到来自企业的关怀。

你的员工不是机器人

　　"管理"一词的诞生，最早也是出现在工业界，指的是工厂的输送带、生产线、装配线等，还有产业的设备、材料这一类的作业管理。然而人不是机器，很多企管理论指出，员工越来越不能控管，道理就在这里。管理模式或商业模式的研究愈来愈少，许多人不约而同开始研究"人"。为了达到目标，企业每天想法子给高薪、训练员工，其实当中最重要的课题就是"怎么鼓励和激励员工"。

　　偏偏很多专业经理人把人当成机器，平时懒得与员工交往，只在乎对方事情做得好不好。年终打考绩时，不问过程、不明就里地以 A、B、C、D、E 分级了事，心态非常消极，并没有帮助员工好好发挥能力。比较积极的人就设计"制度"来管理员工，每天写报告、评估、订目标与期限、订奖金，还是将人当做机器来对待。

　　人并非机器，人心也非常微妙，绝非只靠简单的赏罚分明就可以了事。一般企业，往往以为用公平的奖金、固定的加薪方式，就可以达到激励人心的效果。事实上每个人的表现不一样，用公平的方式奖赏，反而是最不公平的。

　　做管理者的人平常就要注意每个员工的兴趣，如果员工知道老板对自己的小事情都很注意，他一定觉得很贴心，感到自己是受重视的。就像当学生的时候，如果某一科的老师对我们另眼相待，赞美特别多，我们就会在那一门学科上特别努力。

我常说自己是"很公平地不公平对待每个人"，因为我对每个人都有独特的方式，很公平；但是每个人的偏好不同，适用的方式不同，看起来好像又不公平。这样做，其实是希望每个人都觉得自己很特别，心想："老板在注意我，我将来一定在老板的心里面有位置。"而且这么做比光在口头上说"好好干，以后升你当管理者"的激励效果更好。

很多管理者用承诺升官的方式培养人才，其实这是最差劲的方法，因为照这逻辑推演，不正暗指"失败了，升迁就没指望了"吗？我喜欢先给员工奖励，让他安心了，想不努力都不行。

患难见真情，这样的例子在现实生活中并不少见。有些人就到处寻找这种危急情况，以便在危急关头伸出援手。其实，他们根本就帮不上忙。企业中也有这种现象，我们称之为"照顾的义务"。所谓义务，本身就不是100%发自内心的自愿行为，它包括了强制和压力。

然而，企业中却到处弥漫着这种"义务的伦理"，很多管理人员把照顾义务转化为管理模式的一部分，他们认为自己有责任"不让员工站在雨中"，潜意识中想要保护员工。

当无法自保或自助时，我们需要别人的保护。在企业中，员工是管理阶层臆想中的弱者，他们在管理者的照料下工作，管理者为他们承担了大部分的责任。这样的企业就好比是一个大家庭、医院或军队。如果企业对员工有所要求或员工受到责难时，往往是上级首先受到牵连。这就像牧羊人，一天到晚把羊群置于牧羊犬的保护之下，不敢让它们擅自脱离群体、自由行动。

在我们想要保护他人之前，应当首先想想，他们是否真的需要我们的保护？当然，每个人都需要别人的帮助，而且我们注意别人，也意味着我们在关注他们是否需要帮助。不过，无条件的帮助只适用于儿童，以及某些无法捍卫自己利益的人。

我们的员工是怎样的呢？他们是家中的顶梁柱，整天为房屋贷款奔波，必须教育子女、维护友谊，有着自己独特的兴趣爱好，必须为公司或小区服务。这样的人也需要我们像孩子一样照顾他吗？难道我们不能把他们看成独立的成年人，并用成人的标准，要求他们对自己的行为负责吗？

那些认为员工是弱势群体的人，其实并不在意员工的实际需求。他们把员工看成一个群体，继而忽略了其与众不同的地方。对于那些认为自己在道义上要保护员工并为他们负责的管理者来说，其实已经轻视了员工的能力，对员工间的区别视若无睹。结果是导致员工产生误解，以为好的管理者就是能保护下级的管理者。

直到今天，还有很多员工自愿躲在管理者的羽翼之下，不愿意追求积极主动的生活。他们害怕自由，自愿把自己幼稚化，不愿意为自己的行为负责；他们喜欢"强硬"的领导者，这样就能躲在管理者的背后；他们甚至运用道德压力，强调管理者有照顾下属的义务，让管理者别无选择。除了家庭之外，企业中的道德力量也不容小觑，所以，那些要求自主和独立的优秀员工，为了能在企业中继续生存下去，只能对此噤若寒蝉。

你有没有找准下属的需求点

　　一个优秀的基层领导应该明白，可以通过教导一群员工接纳一个新员工，来满足员工的社交需要，比如："这是琼，新来的计算机职员，她来这里我们感到非常高兴。我已经把大伙的情况跟她说了。因此，请在中间休息时告诉她小卖部在哪里，告诉她哪里能买到咖啡。"

　　为了满足人的尊严感，一个优秀的管理者一定能让工作人员知道什么时候他们的工作将受到赏识，比如："琼，这是你的办公室，我想你会说这是一间小巧而干净的屋子。我们觉得我们聘用的是一流的职员，我们应为他们提供一流的条件，以便他尽可能地做好工作。"

　　为了满足人的价值感，一个良好的管理者应考虑将员工安排在最能施展才能和最能锻炼人的地方工作。管理者可以对琼这样说："既然你以前就在这种职务上工作，那你在这儿也一样，但我们会给你更多富有挑战性的工作以施展你的才干。"

　　著名的行为科学家弗莱德里克·赫兹伯格曾对不满意和满意作了以下区分。

　　员工对工作的满意来自真正的激励因素，比如工作有趣并有挑战性，能发挥个人的才能，有机会做些有意义的事情，获得他人的认同。

当工作中没有以下这些因素时，员工会对工作不满意：丰厚的报酬、足够的节假日、足够长的假期、支付保险和津贴、良好的工作条件和合得来的工作伙伴。

赫兹伯格将这些定义建立在他的"二元素理论"上。他说每个人都有两种激励方式：一种是最低层次的，动物的本能和生存的需要；另一种是高层次的，每个人各不相同，并且只接受自己调节。

赫兹伯格将保健和维持生存因素归为一类。他说，为了活着我们需要满足感。人们生活中设法避免受伤或不愉快，工作中也一样，这些需求的满足只是给人们提供一种保健方式。这些体力性的因素保持一个人的健康，但它们并不能激励人们。

如果在工作场所中没有这些因素，员工就会感到不满意并且可能去别的地方以寻求这些因素，但是仅仅提供这些因素他们也不会努力工作。用另一种说法就是，基本工资的提高可能防止员工停止工作，但不可能激励员工去努力工作。

领导者必须提供员工满足的因素。几乎全部管理者都能激励员工。例如，领导者给员工提供一项特殊并富有挑战的工作目标："一般人不能在一小时内包装220箱，如果你今天能包装220箱，你将是这个部门最了不起的人。"

同样，领导者可以让员工知道他们正在做的工作是值得赏识的："今天老板来问是谁准备这些完备的报告，我很高兴地告诉他，是你做的。"

领导者另外还能通过给予建议，使工作做起来更有兴趣，比如："为什么我们不一起花几分钟来看看，我们能否找到一种办法，来消除你们工作的单调之味。"

而且，领导者往往能通过对员工说一些话来增强其责任心："从今天开始我们将决定是将那些不合格的产品重做还是把它们丢掉。如果你只是偶然大意，就不必担心。在这一点上，你的判断与我们的一样好。"

所以满足需要的方法有千万种，关键看你能不能以人为本，切实关心他们的利益，只要你用心做到了，相信会有所收获的。

别忽视了员工的精神满足感

满足员工的需要，不仅要在物质上给以较高的工资奖金，同时也要在精神上予以满足感。只有这样，他才会效忠于你，为你尽犬马之劳。记住，下属不是机器上的零件，而是和你一样的人。

在一项调查中，有人与惠普公司的 20 位高级管理人员进行过面谈，其中 18 位都主动提到，他们公司的成功，靠的是那种重视人的宗旨。惠普公司的创始人比尔·谛利特说："关怀和尊重每位员工和承认他们成就的传统，从表面上听起来像是老生常谈，但我们真诚地信奉这条宗旨。多年前，我们就解除了打卡钟，使用弹性工作时间，目的就是为了让员工按自己的个人生活来调整工作时间。还有，我们公司内部上下级之间彼此很随和，可以不拘礼节，不冠头衔。"

"我们还可以举出很多类似的例子，但都不能单独地概括全部实质，用数字和统计数据也说不清楚。总之，那是一种精神，一种观点，一种建立在个人基础上的观点。让下属们感到自己是集体中的一部分，而这个集体就是惠普。总之，我们的公司不能经营成'要用人时就雇，不用时就辞'的企业。"

事实上，惠普的领导者们是这么说，也是这么做的。在20世纪70年代的经济危机中，惠普的利润大幅度衰减，但公司里没有裁一个人，而是全体人员，包括总裁谛利特本人在内，一律减薪20%，每人的工作时数也减少20%。结果惠普公司不但保持了全员就业，而且顺利地渡过了危机。

另外一个例子是华尔·马特公司。该公司有26000多名职工，是当时美国居第4位的零售商。总裁华尔顿是一个非常关心下属的领导。在他的公司里，几乎所有的管理人员，人人都在胸前别有一个圆形小徽章，上书"我们关心自己的下属"字样。而且，他称下属不叫下属，而称伙伴。

那么，满足下属的尊严价值，有什么作用和效果呢？

我们首先来看美国波顿公司所做的一篇有关人才与工资待遇的研究文章。这个调查报告的研究对象是40名在工资问题上与老板看法不一致的各级部门经理，其中27人接受了老板的加薪，并继续留在原来的单位。但是18个月以后，27人之中的25人仍然打报告要辞职，这回的原因不再是说工资太低，而是认为在这个公司工作没有价值。从这个案例中我们可以看出，对下属和员工的价值尊重，有时胜过金钱所达到的作用。

如果所有的人都有同样的基本需求，管理人员可以在多大的程度上依靠"标准"的激励方法？答案是根本不需要，对于人的需求作过于单纯的分析是很危险的，尤其是在工作上。

先要摸清下属的"兴奋点"

管理者应该是用人专家，正如美国著名经营专家马考尔所说："管理之本在于用人。"怎样才能把人才用在"刀刃"上呢？

俗语说得好，士为知己者死。身为管理者，如果你了解了下属的本性，也就知道如何有效激励他，那么必会助你一臂之力，让你的目光更犀利，更具穿透性，同样地，这也能帮助你更快地走入他们的心灵，驾驭他们，领导他们，开发他们。那么，下属什么时候干劲最大呢？

1. 意见被尊重的时候

下属需要价值感和尊重感。当他们谈论自尊或尊严时，就是表达这种需要。在现代社会其他许多需要都易满足，唯有价值感和尊重感非常难以满足。

现代管理学认为，企业的发展不光是来自经济的财富，而且还来自人的力量，每个企业的管理任务则在于诱导和强化这种力量。现代工作指导方法是，使全体员工站在企业管理者的角度，充分发表自己的意见和看法，管理者则审查这些意见和看法的可行性。这

别让管理变得冷冰冰

第七章

种群体爆发出的活力，也就造就了企业的聚合力。

美国的航空业在 20 世纪 90 年代中期处于动荡之中，只有屈指可数的几家航空公司能够始终保持着无懈可击的财务记录。德尔塔航空公司就是其中之一。这家公司在管理工作中不仅创造条件让下属发表意见，而且为了验证下属的意见花费了大量的时间和资金，最后竟会导致一系列的政策的重大变化。机械师伯理特的薪金少了 38 美元，公司没有付给他某一天修理发动机的加班费。他的上司对此无能为力。这个 41 岁的机械师对总经理加勒特抱怨说："我们总碰到令人头痛的报酬问题，这已经使一大批的优秀人才对公司感到失望了。"3 天以后，最高管理部门向伯理特先生作了道歉，并补发了工资。德尔塔公司并就此举一反三，改变了工资政策，对加班的机械师提高了加班费。由于充分尊重下属的意见，这种机制不仅调动了下属的工作积极性，也使该公司在同行业中脱颖而出。

2. 受到管理者称赞的时候

管理者的赞扬可以满足下属的荣誉感和成就感，使其在精神上受到鼓励。

常言道："重赏之下必有勇夫。"这是物质的低层次的激励员工的方法。物质激励具有很大的局限性，下属的很多优点和长处也不适合用物质奖励。

相比之下，管理者的赞扬不仅不需要冒多少风险，也不需要多少本钱或代价，就能很容易地满足一个人的荣誉感和成就感。管理者的赞扬可以使下属认识到自己在群体中的位置和价值，以及在管理者心中的形象。

下属很认真地完成了一项任务或做出了一些成绩，虽然此时他表面毫不在意，心里却默默地期待着管理者来一番称心如意的嘉奖。管理者一旦没有关注或不给予公正的赞扬，他必定会产生一种挫折感，对管理者也产生看法："反正领导也看不见，干好干坏一个样。"管理者赞扬下属，还能够清除下属对管理者的疑虑和隔阂，密切两者关系，从而有利于团结。有些下属长期受管理者的忽视，管理者不批评也不表扬他，时间长了，下属心里肯定会嘀咕："管理者怎么从不表扬我，是对我有偏见还是妒忌我的成就？"于是下属同管理者相处不冷不热，保持远距离，没有什么友谊和感情可言，最终形成隔阂。

管理者的赞扬不仅表现了对下属的肯定和赏识，还表明领导很关注员工的事情，对他的一言一行都很关心。有人受到赞扬后常常高兴地对朋友讲："瞧我们的头儿既关心我又赏识我，我做的那事儿，连自己都觉得没什么了不起，却被他大大夸奖了一番，跟着他干气儿顺。"

3. 管理者与下属同甘共苦的时候

一个管理者，几个下属，再加一间小屋，几个人同心协力，白手起家，终于独占鳌头，成就自己的事业大厦，这样的例子在商业史上数不胜数，许多企业巨头由此而来。

他们的成功靠的是管理者与下属同甘共苦、患难与共。在这种情况下，上下的心往一块贴，劲往一处使，还有什么困难克服不了？又怎么不会使他们成功呢？

其实，与人共患难并不是一件困难事，因为危难情况下，共渡难关、同舟共济往往是唯一选择。但困难的是危难之后，苦尽甘来，仍能与下属共享安乐。

历史上，重耳即位之前深得介子推的帮助。他即位之后，就论功行赏，功大的封邑，功小的晋爵，各得其所。介子推不愿受封，重耳仍把绵上封为介子推的祭田。众臣此后更加竭力相投，终于帮助他打败楚国。

以史为鉴，我们可受到不少启发。作为一名管理者，身处逆境时，与下属共渡难关，时来运转时，千万不可独自居功，尽享成果，唯有如此，才能赢得威望，得到下属爱戴，共创公司大业。

委以重任，员工会更加积极

被委以重任，人就会产生动力，这是管理者用人的一个要诀。

1945 年，战后的日本百业凋敝，到处呈现出破败的景象。经营造船业的石川岛公司也一蹶不振，奄奄一息，前途莫测。土光敏夫50 岁生日刚过，毅然决定出任石川岛公司总经理之职，亲朋好友无不愕然。他在自己空荡荡的办公室里思绪万千："战后世界经济急需恢复和发展，对石油的依赖将越来越大，这就需要大批油轮。而油轮越大运油则越经济，造大船正是石川岛公司的特长……"土光抓住这根"生命线"，反复进行实地的调查研究，提出筹办生产20万~30 万吨油轮的任务。造船厂员工从没见过如此的大船，都感到吃惊不已。目标明确之后，土光立即付诸行动。他首先整顿公司内部，精简机构，激发人们对工作的紧迫感，提高工效。土光和中层干部们说:"人才常常是在工作多而人员少的地方冒出来的。每个人只有把自己的工作担子加重,干着超过自己能力的工作,才能在经受困难的折磨后造就人才。"土光反复向干部们强调:"少而精有两层意思,一是使用少数精干的人员,但有更重要的一层意思,即因为人少,人们就更有可能变得精干。"土光的第二个决策是创办公司刊物《石川岛》,以便使大家随时了解公司内外的最新情况,并让大家发表意见和建议。每年新年过后第一天上班,土光便率领公司干部站在公司大门口逐一向员工祝贺新年,预祝大家在新的一年里旗开得胜,把工作做得更好。土光把公司的目标、任务、措施逐层分解,落实到每个员工身上,令员工各司其职,各尽其责,把每位员工的荣誉与收益和公司的命运挂起钩来,从而给公司注入了活力。由于每位员工目标明确,责任清楚,因此大家工作热情很高。当第一条20万吨油轮下水的那一天,全厂上下如节日般欢腾。1950年,事故发生了,为巴西建造的高速巨轮在驶出船坞时撞到了码头上,码头被撞坏,但巨轮只受到一点擦伤,第二天就下水起航了。这个事故使石川岛的名声大噪,人们都相信石川岛的船是坚实可靠的,因而各国订购新船的订货单如雪片般飞来。1960年,就有8艘巨轮是日本石川岛船厂建造的。

1955年,正是石川岛公司最红火的时候,土光主动辞去石川岛造船公司总经理的职务,到赤字累累即将倒闭的东芝公司担任总经理,此举惊动了全日本。土光到任后提出了充满土光精神的鼓舞人心的口号:"将东芝推到第一位!""土光精神"之风很快吹遍了东芝,给东芝带来了生机。土光鼓励大家说:"东芝历史悠久,人才济济,业务水平高,条件也很好,唯一不足的就是一切都太顺利,

别让管理变得冷冰冰

第七章

203

造成人们不求上进的惰性，使好事变成了坏事。"土光在领导干部会上说："上级全力以赴投入工作的行动，就是对下级的教育。""没有沉不了的船，也没有不会倒闭的企业，一切事在人为。要想让职工付出三倍的努力，领导就必须付出十倍的努力。负责人就是吃苦的人。"土光十分重视东芝的干部管理，他认为干部管理是公司成败的关键。他推行"重担主义"。他说："对部下的最大尊重，就在于发现和发挥他们的才能，然后委以重任。委以重任最能造就人。谁能举 100 斤，就给 120 斤，这样才能激发他的创造力。"土光还和干部们说："总经理也好，部长乃至课长、班长也好，最重要的任务是创造发挥部下长处的环境。"土光主张人才横向大调动，不断调整，允许毛遂自荐，实行公司内公开招聘，让人们在流动中各得其所。

土光敏夫两次"受命于危难之际"，先后使濒于倒闭的石川岛造船公司、东芝家电公司转危为安，转弱为强，其奥妙就在于用人，尤其是通过委以重任激发人才的创造力。

不看时机去用人是错误的

有经验的管理者都有这样一个切身体会：用人行为的发展演变过程十分复杂，尽管管理者手中掌握着看似显赫的用人大权，但在许多时候，他并不能随心所欲地使用下属。在将用人认识转变为用人行为，最终实现自己的用人目标的过程中，管理者的用人抉择往往要受到许多内外在因素的制约和影响。有时候，错过一次用人机遇，往往意味着将有一批下属必须为此再等待若干年，甚至一辈子也没有施展才华的机遇。为此，作为一个对下属负责任的管理者，就必须十分珍惜每一次极其宝贵的用人契机，尽可能在契机降临之际，适时起用那些德才皆优、实绩卓著的优秀下属。这种适时捕捉用人机遇，果断起用已经成熟的优秀人才的用人谋略，就叫做适时起用谋略。

为什么对各类人才的起用，必须做到适时呢？

这是因为每个人才都有他一生中的最佳时期，而对每个人才的起用，又有对其健康成长最为有利的恰当时机，能否选择最为有利的恰当时机，去适时起用处于最佳时期的各类人才，其用人效果是大不一样的。

所谓最佳时期，目前人才学界有两种解释，一种意见认为，可以从人才的接近成熟期，或者叫基本成熟期算起，加上他的整个最佳年龄区，即成为人才一生中的最佳时期；还有一种意见认为，人才的最佳时期，实际上应该短于他的最佳年龄区，一般可以从他的基本成熟期算起，直到他的巅峰状况时期（即峰值年龄）为止。按照上述两种意见，我们便可以粗略测算出一个人才的最佳时期。例如，某个领导人才的基本成熟期为 30 岁左右，他的最佳年龄区为 35～55 岁，他的峰值年龄为 45 岁，那么，他一生中的最佳时期，就是从 30 岁左右至 45 岁之间，或者从 30 岁左右至 55 岁之间。鉴于每个人才的基本成熟期、最佳年龄区和峰值年龄各有不同，长短不一，因而在测算人才的最佳时期时，应该因人而异，区别对待。

所谓起用人才的恰当时机，应该符合以下两个条件：第一，能够最充分地利用他的最佳时期，使人才在他精力最充沛、才华最横溢的时期，为国家和人民作出尽可能多的贡献；第二，对其健康成长最为有利，能够产生激励作用，促其成长。只有在这样的时刻，大胆地、及时地将人才选拔到重要的岗位上来，才算准确捕捉到了恰当时机，用当其时。

在具体运用适时起用谋略时，各级管理者应着重注意以下3点：

一是要懂得掌握用人契机的重要性，尽力捕捉每一个稍纵即逝的用人机遇，充分加以利用。用人机遇，并不是随时都有，更不会反复出现。有时候，对于某些人才来说，也许一生中只会遇到一次。倘若管理者不懂得掌握用人契机的重要性，不会捕捉稍纵即逝的用人机遇，就很难避免酿成贻误人才、浪费人才的用人悲剧。

二是要适时摘取接近成熟或刚刚成熟的苹果，最大限度地利用每个人才的最佳时期。既然每个人才的最佳时期都是有一定期限的，那么，适时摘取接近成熟或刚刚成熟的苹果，和过时摘取已经熟透变烂的苹果，两者相比，哪个获取的社会效益和经济效益显著，这笔账是不难计算的。为此，各级领导在用人行为中，就应该有意识地强化自己的适时起用意识，坚决抛弃一切求全责备、长期考验、求稳怕乱、论资排辈的陈腐用人观点，大胆起用那些锐意进取、勇于开拓的中青年优秀人才。

三是要建立健全一整套适时起用各类人才的制度，为各类人才的健康成长提供更多的条件和机遇。在用人实践中，单靠少数开明的管理者一味被动地捕捉机遇，适时起用人才，固然能够发掘一部分人才资源，但这显然是远远不够的。为了从根本上消除贻误人才、浪费人才的不良现象，各级管理者还必须根据本地区、本单位的实际情况，尽快建立健全一整套适时起用各类人才的制度，从而主动地为各类人才提供更多的成才条件和成才机遇。唯有这样，适时起用谋略，才能在用人行为中得到始终如一的、畅通无阻的贯彻实施。

缺乏信任就是对下属的不尊重

有些管理者会对下属无端地猜疑，通常这类管理者都有过惨痛的教训，一朝被蛇咬，终生见绳惊。如果你是分公司的主管，你经常会在非上班的时间接到这类管理者的电话。如果你是基层职员，这类管理者会经常在你面前表示他对你工作的关切。如果你是管理者身边的左右手，则你和管理者的关系必定是非亲非故。

这类管理者主持的公司，通常没有上轨道的制度。原因之一是这类管理者，尚未精明到可设计一套足以防弊的制度（当然别人可代为设计，然而管理者绝不信任别人设计的制度）。其次管理者所持的观念是人治胜过法治。跟随这种管理者，员工心理负担之重可想而知。更严重的是，员工可能经常还要蒙受无处可申的不白之冤。

除非这类管理者是位雄才大略之士，否则其手下必定找不出大将之才，因为这类管理者眼中，容不下足以与他抢风头的属下。如果你属于这类管理者而且已离职，有空记得与老同事叙叙旧，你将发现，公司许多弊端都是你惹的祸，你会成为百口莫辩的罪魁祸首。这类管理者为数不多，假使有谁不幸碰到了，也只能自求多福了。

每个人都有自己的标准，下属也不例外。当下属用自己的标准判断某件事的时候，作为管理者不要立即怀疑下属判断的对错。毕竟，你也是在用自己的标准评判下属！

正确的做法是，当下属的标准和你的不一样时，首先要信赖下属。

处在这个竞争激烈的时代，如果毫无顾忌地表现自己，那是很危险的。因为，你在行动之中，可能将自己的情绪及前途断送在别人手里了，稍稍不留意，就会被扯后腿。

但是，良好的人际关系终究是建立在彼此信任、彼此尊重上的。如果事事猜疑别人，那么，将很难与别人建立良好的友谊，自己会变成一个不被信任的人。

信赖对方，才能赢得对方的敬意。即使偶尔被出卖了，只要你是正直且宽宏大量的，最后的成功会证明这些微不足道的小小叛逆是发生不了作用的。所以信任别人，正是一个人的成功之钥。尤其在同一个工作岗位的人际往来，互相信赖、互相联系是工作顺利的基本条件。因为缺少了信赖，团体将没有办法同心向共同目标迈进，当然更谈不上所谓"苦干"的敬业表现了。

古圣先贤们有过这样的箴言："用人莫疑，疑人莫用。"换成现代管理的话就是："既然要玩团体游戏，就不要怀疑团体中的成员！

否则，就不要组成团体。"

今日社会，一个人无法办到的事，由几个人分工合作，就能发挥很高的效率。企业组织本来就是团体与小团体的结合体，假使构成这个结合体的每一分子都彼此猜疑，这个团体必然涣散而不堪一击。

有些人天生猜疑心就很重，心里常会想"是不是会被别人赶上呢"或者是"这件事恐怕是有人在我背后扯后腿吧"。这类人，是无法成为优秀的管理者的，即使他在其他方面的才能很突出。

要成为一个优秀的管理者，最基本的条件就是要信任你的下属，尊重他的个性、欣赏他的创意。这种尊重与欣赏，可以使你的工作行事无往不利。不能信赖别人的人，会使工作生活中充满猜疑，自己做事情不顺利，连带会使受猜疑的人自暴自弃。如果是一个有才华的管理者，猜疑心太重还可能使自己壮志未酬身先死。

信赖下属的标准，并不是怀疑自己的标准，而是对下属的一种宽容和理解。

不会关怀下属的上司不是好上司

当老鹰盘旋在天空时，我们看到草地上觅食的老母鸡总是急忙招拢小鸡，将它们藏匿在自己温暖的翅膀下。其实，管理者对其下属也应如此。

用"毛毛细雨"去灌溉下属的心灵

假如你是一位统率千军万马的大元帅，你会过问每一个士卒的饥寒冷暖吗？

事实上，这是根本不可能的。

但是，你可以适时、适当地参加一些细致入微的工作事务，这是对你有益无害的。如果你总是摆出一副官架子，遇到一些事就满脸的不高兴，不屑于做或者根本不情愿去做小事，那么，你的下属或同事会是什么感受？

而且，在处理一些小事上，你做的效果不佳，或不完美，下属们也会轻视、讥笑于你，认为像你这样连一点儿小事都不想做，或者连一点儿小事都做不成的人，又如何做得了大事情呢？你的信誉会受到威胁。

例如，你的下属得了一场大病，请假在家养病。今天，他恢复健康，重新来办公室上班，难道你对他的到来会面无表情，麻木不仁，不加半句客套话，没有一句真诚的问候语吗？

再比如，你同室的一位年轻人找到了一位伴侣，不久要喜结良缘，或者这位年轻人在工作上取得了突出成绩，为本部门作出了杰出的贡献，难道你就不冷不热、无动于衷地不加一声祝贺称赞的话语吗？

这些小事足可以折射出管理者人格质量的整体风貌，大家会透过一些鸡毛蒜皮的小事去衡量你、评判你。小事往往是大事的基石，这两者之间是相互联系、相互影响、相辅相成的。管理者要善于处理好这两方面的关系，使两者相得益彰。

如果管理者能在许多看似平凡的时刻，勤于在细小的事情上与下属沟通感情，经常用"毛毛细雨"去灌溉下属的心灵，将会使下属像禾苗一样生机勃勃，苗壮成长，最终必然结出丰硕的果实。

切忌假作关心

关心你的部下，那么他们也会关心你与公司。

切忌假作关心。如果你不想为部下费神，那么也就不必费神作假。

尽管组织的人事政策可以是"我们要成为一个关心下属的管理者"，但除非每个部门的主管、经理、主任都关心他或她的员工，否则，这句话将毫无意义。

一个好的管理者关心自己的下属，尽其所能地帮助部下解决困难。此外，他表现出对别人的关心，表现出对部下成功的欣喜和对他们失败的体谅，关注下属们的业务训练、技能的发展，以及事业的进步。只要有必要，他还会小心地提出意见与忠告，他总是使自己随处可见。

当下属家里遇到不幸时，懂得关心下属的管理者特别关心，看能否给予任何帮助。他不贸然行事，但十分关注。当下属碰到个人问题时，他会给予假期，而且常常先于他们开口就给予假期。如果有人生病，他会送一张慰问卡、一束鲜花、一些杂志，甚至一瓶威士忌。他的关心是真诚的，甚至不惜为此打破规章。

然而最重要的是，在他人发生问题时，优秀的管理者总是到场询问问题所在。他就是这样关心他人的。

作为管理者，应规定自己从现在起每天起码要做一件关心部下的事。这并不需要太多的想象力。比如，了解一下今天谁因病缺席，并做出某种关心的姿态。这并不只是福利部门的任务，这也是优秀管理者的分内工作。又如，去探视一下病了一段时间后刚上班的某个人，对他或她的身体表示一些真诚的关切。

注意你的部下并示以关怀。对你来说，部下是十分宝贵的，你应该为他们自豪。

关心下属的 9 大盲点

管理者是率领一个团队来完成工作的。只有关心下属，赢得下属的忠诚，你才能真正建立自己的影响力。这一道理，作为管理者可以说是无人不知，无人不晓，但具体操作时往往走入盲点，表现为：

1. 关心下属等同于小恩小惠

这一现象在中层管理者中相当普遍。一些中层管理者觉得，既然自己对下属加薪、晋升等没有"生杀大权"，因此只能靠小恩小惠来表明自己在关心下属。小恩小惠只能博得下属一时的欢心，而更多的下属关注的是自身的职业发展和综合能力的提高。一旦你满足不了下属稍高一点的需求，下属就觉得你不是真正关心他们。况且小恩小惠往往是以牺牲组织整体利益为代价的，一旦曝光，对自己也很不利。

2. 喜好许诺空头支票

每个下属都有获得加薪、晋升的期望，作为管理者，你自然想抓住他们的这个需求进行激励。你是直接告诉他们你在为他们的加薪、晋升而努力，还是不说为妙呢？不直言相告，你担心下属觉得你根本不关心他们，但是，轻率许诺的结果更糟。成熟的公司都有自己的一套关于薪金、晋升的规定和程序，并不是你个人能随意更改的事。一旦许诺落空，你在下属面前就威信扫地了。这样做也会使你的上司对你产生不好的印象，感觉你有野心，暗里培养自己的人马。

因此，千万不要轻易许诺。关心下属，重要的不在于说，而在于做。要让下属感觉到你真正在为他们的期待而努力，而行动。比如在经理、同事面前夸赞你的下属，给下属展露才华的空间，放手让下属挑重担，等等。如果你已经做出了承诺，而由于情况发生变化，以致无法兑现，此时，最好的解决办法是向下属道歉，并坦诚地告诉下属不能兑现的缘由，以求得下属的谅解。

3. 把关心下属的业务混同于关心下属

关于下属的业务，管理者都很重视，毕竟这关系到自己业绩的好坏。但过于关心业务，反而会使下属反感，觉得你对他不放心，怀疑他的工作能力。而且下属是一个活生生的人，有着多种需求，如果你只关心业务情况，说不定会落个"冷血动物"的谴称。

4. 关心的内容与下属的真正需求背道而驰

例如一名年轻的下属向你抱怨自己的工作太累，你可能觉得下属希望涨薪水，于是想方设法促使人力资源部为其加薪。其实该下属感觉到累的真正原因，是对自己不明朗的职业生涯忧心忡忡，是"心累"，实际需要你关心的是其职业生涯发展。这就需要你深入了解自己的下属，从而使自己对下属的实际关心与下属的真正需求相吻合。

5. 关心下属的方式、方法不对头

如对一位新录用的推销员，你详细询问他如何宣传公司的产品、如何和客户建立关系等，你可能觉得这样做是在帮助下属发现自己的不足，但下属可能会觉得你不信任他。又如你在部门例会上对一位年资较长的推销员进行业务指导，他可能觉得你并不是在关心他，而是让其出丑。以上两种情况下，你的关心使下属误解，不但不能起到应有的效果，甚至会适得其反。

6. 关心下属的"动机不纯"

不少管理者关心下属功利色彩过于明显，让下属觉得你并不是真正地关心、帮助他，而是在为自己的晋升拉选票。这样的关心不会有好效果。关心下属必须真正为下属着想，而不是"另有企图"，否则就会弄巧成拙。

7. 关心下属不是对下属有求必应

人的需求是无止境的，满足了一个需求又会产生另一个需求。下属的需求是多种多样的，有的和组织的目标一致，有的却与组织的目标背道而驰。作为管理者，你只能尽量满足下属那些与组织目标一致的需求，对不合理的需求要敢于拒绝，甚至给予严厉的批评。否则既害了下属，到头来也会害了自己。

8. 关心下属就是不批评下属

批评也是关心下属的一种方式，帮助下属改进提高。如果下属有了问题，不及时进行批评，将会使下属走得越来越远，犯的错误越来越严重，老板或上司也会追究你管理不力的责任。当然，批评

如果使用不当也会有副作用，如造成下属的逆反情绪、使上下级关系紧张等。因此，一定要注意批评的方式方法，照顾下属的自尊心，批评要对人不对事等。

9. 不关心下属的"牢骚"

每个人都会有不满，有了不满就会发"牢骚"，从而使自己得到心理上的放松。"牢骚"并不可怕，但作为管理者如果不去分析"牢骚"背后的原因，及时加以疏导，下属的怨气将会积小成大。而且这种不满很容易像瘟疫一样在组织中蔓延，一旦其他下属受到感染，一场大的动荡就在所难免。这时候，你想解决都没有机会。

不要苛求员工十全十美

所谓人无完人，那么，对人就不可以苛求，否则将"世无可用之人"。正如古人所说的那样："水至清则无鱼，人至察则无徒。"

求全责备是用人的大忌。求全责备，是指对人要求过严，希图"完美"，容不得别人半点缺陷，见人一"短"，就不及其余，横加指责，不予任用。

求全责备的用人态度，它压抑着人的工作积极性，阻碍人的成长，阻碍人的智慧的充分发挥；它使人谨小慎微，不思进取，阻碍人的创造性思维与创造性想象力的发挥；它使工作人员缺乏

215

活力，如"死水一潭"，缺乏竞争能力和应变能力；它造成人才，尤其是优秀人才的极大浪费，因为，任何人总有短处，甚至是有错误的，必然会受到求全者的种种非难，因而使许多人难以得到起用。

纵观历史，凡用人求全责备的皆不得成事，而用人"贵适用，勿苛求"的皆有奇勋。三国时，诸葛亮足智多谋，但唯独在用人方面存在有"端严精密"的偏见，他用人"至察"、求全责备。正如后人评价他时所说："明察则有短而必见，端方则有瑕而不容。"

他用人总是"察之密，待之严"，要求人皆完人，而对一些确有特长，又有棱角的雄才，往往因小弃大，见其瑕而不重其玉，结果使其"无以自全而或见弃"。有的虽被加意收录，而固不任之。例如，魏延"长于计谋"，而诸葛亮总抓住他"不肯下人"的缺点，将其雄才大略看做是"急躁冒进"，始终用而不信。

刘封本是一员勇武之将，诸葛亮却认为他"刚猛难则"，劝刘备因其上庸之败而趁机除之。马谡原是一位既有所长，也有所短的人才，诸葛亮在祁山作战中先是对他用之不当，丢失街亭后又将其斩首。正因为其对人"求全责备"，处之极端，而使许多官员谨小慎微，以致临终前将少才寡，正应了"至察无徒"之断。

南宋戴复古在《寄兴》诗中写道："黄金无足色，白璧有微瑕，求人不求备。"金无足赤，人无完人，任何人才都不可能十全十美。这种观点，中国古代不少文人学士曾用多种比喻加以表达。如《吕氏春秋·举难》中指出："尺之木必有节目；寸之玉必有瑕疵。"屈原在《卜居》中写道："尺有所短，寸有所长；物有所不足，智有所不明。"明代宋濂在《潜溪邃言》中也认为："功有所不全，力有所不任，才有所不足。"

一个人的功绩必有不全面的地方，能力必有不能胜任的地方，才能必有不足够的地方。既然人无完人，那么顺理成章的结论，是对人才不要求全责备。

不管任何人，如果他所使用的都是没有弱点的人，那么他所领导的机构，最多也只是一个平凡的机构。所谓完美无缺的人，实际上只不过是二等角色。才干越高的人，其缺点也越显著。在这个世界上没有人会在各方面都是突出的。用整个人类的知识、经验和才能来衡量，即使是最伟大的天才也是完全不合格的。世界上没有"完人"这回事，只是有些人在某一方面显得比别人"能干"一些罢了。

管理者对人才的求全责备，不仅不能知人，而且会陷害人才。历史上不少贤才之所以蒙冤，都是由于领导者喜欢追究小过，如司马迁只不过为李陵说了几句公道话，却被汉武帝处以腐刑，使他遗恨终生。苏轼因对朝政有意见而写了几首讽喻诗，却蒙"乌台诗案"之冤，下半生都被贬谪，过着颠沛流离的生活。而在历史上，因皇上苛求人之小过，别有用心的和溜须拍马之徒就趁机投井下石，极尽其吹毛求疵之能事加以诬陷，导致许多贤才蒙受不白之冤的事就更多了。

有成效的管理者从来都不问这样的问题："他和我相处得怎样？"而时常会这样考虑："他作出了什么贡献？"他们也从来不这样问："他不能做些什么？"而又常会这样考虑："他在哪方面做得出奇得好？"他们用人的原则只是寻求有某一方面特长的人，而不是在各方面都很在行或大致上过得去的人。

知人用人，使他能在工作中发挥才能，这是理所当然的。因为所谓"完人"或者"成熟的个性"，其含义实际上都只不过是忽视了人的最特殊的天赋——尽其所能于某一项活动、某一个领域、某一种工作中的能力。我们不能要求一位物理学家（即使他有爱因斯坦那样的天才）在遗传学、心理学或医学等方面有同样杰出的成就。人的长处只能在某一个方面有所成就，顶多是在极少的几个方面达到"卓越"的境地。

如果你总是想方设法去对付手下人的弱点，结果必然使工作的目的成为泡影。公司、组织、部门是一种特殊的工具，可以用以发挥人的长处，并消除和减弱因人的弱点所造成的不利影响。能力特别强的人，是不需要也不想受一系列规章制度约束的，因为他们认为靠自我管理会工作得更好。

至于我们中的大多数人，光靠自己搭不成一个让自己才能充分发挥出来的平台，单打独斗也不可能获得多大的成就。"你想雇佣一个人的'手'，而他总是'整个人'一起来的。"一个人不可能只有长处而没有弱点，弱点总是会随着人的长处一起来到领导者的身边。

允许你的员工再回头

中国有句俗话："好马不吃回头草。"现在许多企业主在对待离职员工的态度上也抱有同样的成见。受传统思想的影响，他们认为跳槽员工的"忠诚度"值得怀疑，同时回聘员工在面子上也说不过去。

其实这是一种错误的认识，现代人力资源管理体系中关于"惜才理念"的范畴是很宽泛的。人才跳槽离去是公司的一种损失，人才跳槽之后的经历对他们个人而言是一份宝贵的财富。不同的环境和工作内容进一步锻炼了他们的能力，使他们的阅历也随之增加。这样的人才对公司来说远比一个新手重要。

分析数据表明，雇用一个新员工所需支付的招聘、培训费用以及相关的业务耗费，超过了需要支付给该员工的个人薪酬。但是如果这个人原本就熟悉公司现有的业务流程，就能够顺畅地与公司管理层进行沟通，并且无须支付适应职务前的培训费用。

B 公司是一家中等规模的广告公司，有员工 50 人左右，下设业务部、设计部、工程部等部门。由于采取部门经理负责制，并且也没有单设人力资源管理部门，所以总经理康鹏对一般员工的个人情况并不是特别了解，与普通员工之间也很少进行单独谈话。这些员工的雇佣和解聘，一般都是由部门经理操作，总经理只需要在最终决议上签一个名就行了。

自从两年前康鹏任命原总经理助理季晓彬为业务部经理之后，这个部门的人员流动率比原来高了许多，很多业务员做了半年不到就离职了，并且一些元老级的管理者也相继离开了公司。对此康鹏一直有点纳闷，但碍于制度又不好多问。两个月前在一次招标会上，他偶然遇到了不久前刚从公司业务部辞职的一位项目管理者小路，现在小路是另一家大型广告公司的部门经理。

在闲谈中小路告诉康鹏，季晓彬作为总经理助理确实做得很出色，但是要他来主持部门的工作并不合适。他不善于处理与下级的关系，对于业务员费尽千辛万苦争取来的客户，他总想办法据为己有，对犯错的下属也过于苛刻。许多员工都忍受不了这样的上级而最终选择了跳槽。

美国哈尼根公司的总裁曾经说过："如果雇员桌子上一台价值2000美元的计算机不见了，公司一定会对此展开调查。但是如果一位掌握着各种客户关系、年薪10万美元的经理被竞争对手挖走，公司就不会进行调查，员工也不会被叫去问话。"

有许多公司已经意识到他们正在失去一些优秀分子，但他们不知道是哪些人离开了，也不知道他们为什么离开，甚至连他们去了哪里也不知道。对于那些采取分级制度按层次管理的公司来说，许多基层人员的要求及意见，往往在送达高层管理人员之前，便已经被层层消磨扼杀。由于缺乏有效的沟通措施，许多公司一方面不断招人，另一方面大量的人才也在不断流失却不知其因。

其实，那些任职时间超过3年的一般管理人员，正是公司的中

坚分子。这些人的年龄一般都在 40 岁以下，年富力强，充满活力并且经验丰富，他们默默工作却缺乏高层关注，奖励和升迁的机会也少得可怜。对这些员工来说，适当的沟通和升迁机会是防止他们跳槽的最好办法。因此，要让雇员相信，公司高层管理人员时刻在关注着他们的工作成绩，并非常乐意倾听他们的意见和要求；只要有能力，他们会拥有很好的个人发展机会。

对于离职的员工，企业管理者应尽量与其进行面谈，了解其离职的真正原因。通过谈话可以了解到离职者对公司管理层及职务岗位的一些看法，以根据实际情况对其工作环境和薪资结构进行调整，防止继续发生类似情况。另外，与离职员工好聚好散，也可以尽量避免一个潜在竞争对手的威胁。

小杨是某地一家日报的记者，5 年前大学毕业来到这家报社做见习记者，到现在已经是经济部的业务骨干。几年中他写出了不少有社会影响的报道，省一级的新闻奖拿了好几个。按理说他现在正处在事业发展的上升阶段，然而最近一段时间他却在盘算着跳槽，去省城一家经济报社应聘做记者。

其实小杨这样做也是迫不得已，由于报社至今还在实行多年以前的管理机制，他在外面辛苦跑几天写出来一篇报道，只能拿到 500 元的补助，并且还是要在完成每月的定额任务的情况下才能拿到。当然报社领导者也有自己的想法，记者们已经拿了工资，到外面跑新闻写报道是分内的事情。

以小杨所在的部门为例，几个年轻记者一天到晚在外面跑，每月平均能够完成二十来篇稿子，然而月收入却还比不上那些一个月只发几篇稿子的老记者，因为他们的职称与工龄的优势都是这些年轻人无法与之相比的。传统的管理机制，严重束缚了年轻人的工作热情与创新能力。

在许多中小企业主们看来，创业是少数人的事情，对于多数员工来说只要做好自己的本职工作就行了。然而一个优秀的企业员工，是不会甘于在为企业创造大量利润和业绩的同时，却无法满足自身创业欲望的。这种情况长期下去所导致的后果只有两个——自我消沉或者跳槽离职。这两个结果都是企业主所不愿意看到的。在这种背景下，"内部创业"的概念应运而生。

所谓内部创业，是指由一些有创业意向的企业员工发起，在企业的支持下承担企业内部某些业务内容或工作项目，并与企业分享成果的创业模式。这种激励方式不仅可以满足员工的创业欲望，同时也能激发企业内部活力。改善内部分配机制，是一种员工和企业双赢的管理制度。

得人心者得天下

管理人员应该具有与公司人力资源管理理念相适应的管理人员形象。如果公司的员工对管理人员没有信任和好感，很难说能让员工认同公司的人力资源管理政策。现代的人力资源管理更加强调员工的沟通和自主，所以管理人员自身也应该体现这样的特点。下面是管理人员如何对待员工的4个基本常识。

1. 尊重员工

尊重员工是人力资源管理政策的立足之本。美国 IBM 公司提出的口号是"尊重个人"。如果员工不能在公司受到尊重，就谈不上员工能够尊重和认同公司的管理理念和企业文化。作为管理人员，更应该身体力行，把尊重员工落到实处，而不只是停留在口头。尊重员工首先是尊重员工的言行，管理人员应该最大限度地与员工进行平等的沟通，而不是对员工的言行不闻不问。让员工能够在管理人员面前自由地表达自己的意见和看法，这一点非常重要。尊重员工还表现在尊重员工的价值观。公司的员工来自不同的环境，有着各自的背景，所以每个人的价值观也会不尽相同。只有尊重员工的价值观，才有可能让他们融入公司的管理理念和企业文化中。

2. 对每位员工充满兴趣

管理人员必须对公司每位员工充满足够的兴趣，不能根据个人的好恶来亲近或疏远员工。对于管理人员而言，他需要公平对待自己的下属；对于管理人员而言，他需要对公司所有的员工公平对待，因为管理人员肩负着公司整体员工管理的职责。对每位员工充满兴趣，并不是一定要让管理人员整天与公司每位员工打成一片。但管理人员应该让员工感觉到自己在公司中的重要性和地位。每个人都有被他人重视的需要，管理人员要了解并满足这种需要，这样做可以更好地推进公司人力资源管理工作的进展。

3. 不要随意评价员工

管理人员由于对公司的每位员工都比较了解，所以会有意无意地进行一些比较和评价。这种比较和评价并非绝对不可以，但它必须是公正的，并且是有意义的。对于一些随意的评价，最好能尽量减少。由于管理人员的职位关系，管理人员的评价往往代表着公司的评价，有一定的权威性。有些无意识的评价由于缺乏严密的调查和思考，有时会失真，这种不正确的评价如果被当事人了解到，会产生抱怨的心理，并对公司及管理人员产生不信任。如果管理人员对几位员工做了不正确的比较，可能还会引起员工之间的矛盾和冲突。

4. 以期望员工对待你的方式对待员工

人是一面镜子，你用什么态度对待他，他就会用什么态度对待你。管理人员与员工相处时也是如此，管理人员对待员工的态度也就是员工对待管理人员的态度。不要认为自己有一定的权力和地位就可以让员工更加尊重你，虽然员工不会当面对你进行评价，但员工私下里对每位管理人员都会有自己的评价，而这种评价取决于你对员工的态度和你的工作能力。

第八章
别让矛盾损害了公平

企业内部会有这样那样的矛盾,如何正确地处理这些矛盾成为管理者日常工作中的重要组成部分。既要实际解决矛盾,恢复正常秩序,又要保持公平,兼顾各方面的利益,这其实不是一件容易的事情。管理者处理矛盾时,第一步要查清楚原因,这是很关键的一点;其次,需要秉承公平的原则,公正解决员工之间的冲突。做决定的时候要审慎,寻求利益的最佳平衡点。

别让企业内部的各种势力失衡

在管理活动中，有时会遇到这种情况，你的下属分为不同的派别，每一个派别都拥有自己的力量。在这种情况下，如果你还没有实力将他们一一掌控，平衡各方力量以达到对全局的管理和控制就成了首要之选了。在这方面，东晋时期的政治家王导的确是个集大成的人物。

东晋是一个没有秩序的社会。当时，北方早就天下大乱，叛乱、夷侵、裂地为王者不计其数。南方的东晋朝廷也处于各种力量的冲突之中，如中原来的贵族力量、江南望族、皇亲国戚等。他们彼此之间的利害关系各不相同。王导意识到，国家根本就没有一个共同的奋斗目标，此时，稳定才是最为重要的。这样，王导就明确了自己的使命，平衡各方关系，极其务实地消除社会矛盾。总之，面对大风大浪和急流险滩，小舟不沉就是胜利。

为了团结南方望族，王导不顾北方人的蔑视，平时与人交往多用南方语气，还向南方的陆氏家族提亲。陆家是吴国名将陆逊之后，声望极高，他谢绝了王导的提亲，但是王导并不在意。平时处理政事时，出身南方望族的下属有冒犯之处，王导也多方体谅，不当回事，如果对方言之有理，还予以采纳。所以，傲气的南方望族感到与王导还合得来，与东晋王朝的关系也融洽多了。

南迁的中原贵族也是一支举足轻重的力量。王导本人是北方士族出身，自然有控制力。一次，这些北方名流在建康郊外欢宴，席间忽然有人叹息道："此地虽然风景美丽，但终非故国景色。洛阳真是令人怀念啊！"在座诸人无不相顾挥泪。这时，王导严厉呵斥道："正因为故国易色，我们更得团结一致，振兴晋室。哭有什么用呢？"众人于是纷纷拭泪，并发誓复国。

但是王导明白，在当时的情况下，复兴晋室只是内聚北方士人的公关手段，在他的内心，若能安定东晋已是极为不易的了。所以，主战派多次提出"北伐收复失地"的主张，均未得到王导的支持。对于北伐名将祖逖等人，东晋王朝的态度也是消极的，因为从稳定的角度考虑，以北伐为国策并不符合南方望族的意愿，而且，一旦大肆北伐，新形成的北方势力也可能危及东晋王朝。既团结北方士族又协调朝廷的关系，就此而论，王导的策略是成功的。

有一次，叛军攻打建康，将军温峤擅自将皇帝巡幸必往的朱雀桥烧掉了。皇上知道后暴跳如雷，但是温峤并不在意，连道歉的意思也没有。王导知道此事可能会造成的后果（或者它本身就是一种信号），于是匆忙赶来为温峤说情："皇威之下，温峤不敢说话，请皇上面察。"这既保住了皇上的面子，又给温峤一个台阶下。温峤也就势道歉，化解了一场可能产生的内乱。

平时，对于各地的叛乱，王导尽可能大而化小。如此做法自然令人不满，但是王导也有其苦衷。对于一个虚弱的王朝来说，不顾一切硬拼可能远不如忍耐一时、等待变化更为明智。当然，王导对军队力量也并不是毫无节制的。譬如，他极力强化贵族的威势。有时候，叛军甚至已经占领了都城，并想当皇帝，至少来个挟天子以令诸侯。但是，一掂量，感到军队的威势还远远不够，结果，还是得将王导抬出来，这不能不说是个奇迹。

对于东晋朝廷，王导的策略是极力推崇它的皇威，以此号召天下，同时限制皇族势力的发展，使政局不致失衡。在公开的场合，王导是诚惶诚恐，礼数周到；当他独自面对君王时，又敢于犯颜直谏，甚至直言无忌。一次，晋明帝问温峤，自己的司马氏祖先是如何统治天下的，温峤一时语塞，不知如何回答。王导道："温将军时值壮年，不熟这段历史，就由微臣代他回答吧！"于是，王导从司马懿如何清除异己开始，一直到司马昭是如何杀害魏王曹髦，诸般险事一一道来，毫无隐瞒。明帝听了不禁为之叹服，说："如此看来，朝廷的命运也是在天之数了。"

当然，王导之所以能这样做，除了高超的平衡策略，还在于王氏家族有着巨大的力量。当时谚语曰："王与马，共天下。"但是王导也知道，对王姓家族的势力若不加以限制，也会破坏脆弱的平衡关系。

东晋的建立，王导与其堂兄王敦出力最大。后王导任宰相，而王敦任大将军，领重兵在外。如此局面，又使得皇帝有愧偏之感，便有意削弱二王之权。王导不动声色，颇令士大夫同情。王敦则不然，他本来就有野心，干脆借口除奸而率兵杀向建康。

以当时的客观力量而言，朝廷远不及王敦，而且宫中也有议论，认为王敦造反有理。但是王导心里丝毫不愿与王敦合谋，他认为唯有司马氏才是安定的象征，王氏家族在安定的情况下，不必因此而失衡，否则王氏家族同样遭到迫害。何况以王敦的个性，一旦大权在握必定酿成大祸。

于是，就出现了这样有趣的一幕：一面是王敦的造反；一面，王导却率领以四个族弟为首的二十余位族人，每日清晨去中书省自请裁定。当时，朝廷虽然也有人上书要灭王门九族，但王导也清楚，晋元帝不敢那么做。但是他仍通过各种渠道疏通关系，终于重新获得了元帝的信任。元帝赐其"大义灭亲，一代忠臣"的诏书，将国家大事重新委托给了王导。趁着王敦的叛乱，王导在朝廷中的地位反而变得更加稳固。两年以后，王导发兵灭了王敦，消除了危及平衡的大障碍。本来，王敦叛乱，王氏家族理应受罚，但是皇帝却做了非常处理："王导大义灭亲，应恕其罪至百代之后。"王氏家族从而得以延续。

公元 339 年，64 岁的王导去世。他先后担任三任宰相，自身没有任何积蓄，然而却以其独特的平衡策略，团结了各种社会力量，在风雨飘摇之中维持了东晋王朝的存在和社会的安定。而这，又不能不说是战乱之世的一大奇迹。

我们现代的管理者，在企业处于内忧外患时，如何保证企业的稳定并求得发展，王导平衡各方势力的做法就很值得我们学习借鉴。

寻求利益的最佳平衡点

用人当然得讲究技巧，而技巧的立足点就是权衡，即求得利益的最佳平衡点。因此，管理者只要掌握了权衡的技巧，就掌握了用人的技巧。很多管理者都希望自己的团队能够"无为而治"，这其实就是要求管理者运用权衡之术，使自己的团队达到一种平衡的状态。

然而，想要"无为"必须先"有为"，这就是说一个团队应当建立运行良好的机制。因此，管理者必须运用权衡的技巧进行事先筹划，比如制订各种计划、建立分工制度等。这样一来，团队中的每个成员就有了自己的定位，他们完全可以按照自己所担任的"角色"分头行事。

即使管理者在一定程度上放手不管，但先前已经确立的各种制度可以造成规范和制衡的效果，从而使工作的推进仍然有一定的方向可循。因此，所谓的"无为"只是说管理者在很多事情上可以不必身体力行，但是从整个团队来看，制度本身仍然在运行着，这才是权衡的真义。

恩威并施

用松下幸之助先生的话来说："用人应当一手如钟馗执剑，另一手却温和如慈母柔荑，做到宽严得体，才能得到下属的崇敬。"管理者要赢得下属的心悦诚服，一定要恩威并施。所谓恩，就是亲切的关怀和优厚的待遇。比如记住下属的姓名，关心他们的生活，聆听他们的忧虑等。

所谓威，就是必须有命令和批评。一定要令行禁止，不能凡事始终客客气气。有的时候管理者为了维护自己温和谦虚的形象，总是不愿或不好意思斥责下属，这种做法是不足取的。在必要的时候，管理者必须拿出上司的威严来，让下属知道你是以很严肃的态度在和他们谈话，你的命令或决策必须得到不折不扣地执行。

松下幸之助认为，在公司的内部照样需要权威，而且应当教导员工尊重权威、服从权威。他说："就公司的管理而言，领导者和员工仍然应该明白，权威是公司的精神中枢。盲目否定权威只会使公司落得一个四分五裂的结果。必须使大家有尊重权威的

认识，并且依照权威的指示办事，这样对于工作的进展一定会有很大帮助。"

因此，尽管在现代的管理中越来越多地要求民主，但是这并不意味着否定权威。适当的权威对于管理者来说还是必要的，他可以充分利用权威的说服力和号召力，统一员工思想和行动，消除疑虑，突破难关。

宽严得体

所谓"宽严得体"，并不是说宽、严各占一半，而是说应当依实际情况而定，宽严配合。对于公司或企业来说，如果欠缺严格的管理，一味地追求温和，员工就会像受到溺爱的孩子那样，很容易被惯坏，他们的言行举止也会变得随随便便，从而使工作毫无长进。

但是如果过分严格，往往会导致员工心理上的恐惧和畏缩，他们也许在表面上显得很顺从，而实际上对待工作则没有自主性，缺乏兴趣。如此一来，不但人才资源不能有效地发挥，整个团队也将毫无生气。所以，上司要建立起适当的威严，才能让下属谨慎做事。

当然，上司在平时的工作中还是应当以温和、商讨的方式引导下属自觉地完成任务。当下属犯了错误，也许批评不应当过于严厉和苛刻，但是态度一定要严肃，绝不可以敷衍了事。

如果团队的管理者对下属纵容得过度，那么团队的秩序就无法维持，不但工作会受到影响，而且这样做也不会培养出优秀的人才。应当让下属"敬畏"上司，而不是"害怕"上司。这样他们才能严以律己，团队的工作也才能够顺利进展。如果太照顾人情世故，反而会造成团队的缺陷。

合情合理是东方管理文化的一个特点。如果在用人中掌握了"情、理"二字，也就掌握了用人的精髓。所谓"情"，就是在团队内部营造一种温和融洽的氛围；所谓"理"，就是制度必须得到遵守，权威必须得到尊重和服从。这是宽严得体的具体体现。实际上，一个领导者对于下属的一言一行，都应当以宽大的态度去包容。当需要严格的时候，也不能仅仅是简单的训斥或责骂，而是要让下属心服口服，这才不愧是一位成功的领导者。

赏罚有道

对于如何用人，很多优秀管理者总结的经验是对员工需要给予某种程度的赞美、某种程度的批评以及适当的指导。每个人都有荣誉感，员工当然也不例外，所以他们需要适当的、合乎实际的赞美。员工又不可能不犯错误，给予必要的批评能够促使其改正。因此，在一个团队里，只有"赏"是肯定不行的，必要的时候还应当有"罚"。

缺少了"罚"，上下级之间总是一团和气，表面上给人的感觉非常融洽，而实际上会让下属产生懈怠，业务也难以开展。在"罚"的时候应当掌握技巧。一是处罚的事由要准确，足以使受罚的人产生戒惧；二是处罚应当对事不对人，不要伤害员工的自尊心；三是处罚有时还需要辅之以适当的安慰。

总而言之，管理者在用人处世上必须首先了解全面的情况，然后再力求权衡，做到恩威并施、宽严得体、赏罚有道。这样才能相辅相成，收到事半功倍之效。

先要查清原因，不要急于处理

矛盾一般是由什么引起呢？员工之间产生矛盾如何处置？这些是摆在管理者面前的棘手问题，搞不好会影响全局工作。在处理这种矛盾之前弄清矛盾产生的原因十分重要。

第一，处事策略不同产生矛盾。

个性和认识决定了一个人的处事策略，而每个人的个性和认识往往是不一致的，这就导致了人与人之间在处事策略方面的差异。这些差异之处如果没有得到有效调和，就会产生矛盾。换句话说，人们由于处理事情的方式、方法以及对问题所持有的态度与重视程度不尽相同，在很大程度上会导致人与人之间的矛盾。

在一般情况下，处于矛盾中的当事人不会轻易放弃自己多年的办事作风，除非真正让当事人双方认清他们各自的方法对工作问题的解决是有利还是有弊，并且用实际行动告诉他们正确的处事方法将会带来的巨大收益，这样才有可能化解矛盾，消除摩擦。

处于"情绪激动"状态的人，对于对方的任何辩解是无法听进去的，这时第三者的介入会把双方的注意力引向一个共同的方向，为最终的谅解提供了可能。

作为管理者，你不能武断地说某某说法可行，而对某某贬得一无是处。最好的办法就是用事实说话，这样做的结果不仅会让当事人双方亲眼看见彼此的优劣，而且也会为他们提供更好的思想方法

233

去有效地解决问题。

你当然也可以让他们各自试着去做一下，或者来个竞赛，将任务分成若干部分，让他们分头处理，用最后的成效让当事人心悦诚服。

第二，责任归属不清产生矛盾。

部门的职责不明，或每一个职务的职责不清，这样也会造成冲突。职责不清主要体现在两个方面：一是某些工作没有人做；二是某些工作出现了内容交叉的现象。

许多人际关系方面的矛盾与责任常常是混淆不清缠杂在一起的。也许矛盾的双方对问题都负有责任，然而，主要责任还是应该由一个人来承担。这也正是处理双方矛盾的关键，即明确责任的归属。

第一步就是要查明问题的真相，注意搜集有关这方面的信息资料，以便在当事人产生"矢口否认"的动机之前，就用它们为当事人提个醒，以免他们以后尴尬。

在有了大量的信息，明确了责任的归属之后，第二步就是让双方都承认自己的责任所在，而后再将责任的所有权移交那个应当负主要责任的人。最好把责任转化为新的工作任务或问题布置下去，这对问题的最终圆满解决、双方握手言和至关重要。

第三，个人情绪产生的矛盾。

由于个人情绪因素产生的矛盾相对而言是较难处理的。情绪矛盾有它的短暂性，正如情绪变化一样，但若不认真对待，也会在组织人际关系的和谐上留下深深的划痕。

在处理情绪冲突时，最好的方法是设身处地地替下属着想。如一位员工在一大早儿赶来上班时，由于急着赶车忘记拿伞，在路上被淋得浑身湿透了，更糟糕的是这位员工在挤车时又不慎丢失了钱包，虽然没有什么特别贵重的东西，但还是将半个月的工资搭了进去。当他气冲冲跑进公司时，已经迟到 10 分钟了，显然，这个月的奖金又悬了。这一切遭遇对一个性子暴烈的人来说，是很难容忍的。他要发泄，最终与同事发生了口角，矛盾产生了。解决这类情绪所造成的矛盾，你最好用一颗爱心与同情心的态度来处理。

记住，这里要赢得那位无缘无故惹了一身气的员工的支持。要与他一起展开工作，当他设身处地地将他人的遭遇在脑子里经历一番时，同情会化解怨恨的。

第四，对有限资源的争夺。

有限资源具有稀缺性，这种稀缺性导致人们展开了各种形式的争夺。这种争夺在一定程度上会导致冲突。对一个组织来说，其财力、物力和人力资源等都是有限的，不同部门对这些资源的争夺势必会导致部门之间的冲突。

第五，价值观和利益不一致。

价值观和利益的不一致是冲突的一个主要成因。价值观是一个人在长期的生活实践中形成的，在短时期内是很难改变的，因此，价值观的冲突也是长期存在的。利益的冲突体现在两方面，一是直接利益冲突；二是间接利益冲突。比如待遇不公平就是直接利益冲突；而培训机会、发展机会等问题引起的冲突，则体现为间接利益的冲突。

第六，角色冲突。

由于企业的角色定位不明确或员工本人没有认清自己的角色定位，也会引起冲突。例如，某部门经理未经授权干涉其他部门的正常工作，两个部门之间肯定会发生冲突。在企业中，角色冲突的根源在于企业角色定位不明确。由于管理者没有进行有效的工作分析，有关企业的岗位职责等文件照抄照搬其他企业的模式，没有认真考虑是否符合自己企业的实际情况，这样做肯定会导致企业的角色定位不明确。

处理矛盾要遵守的基本原则

处理矛盾主要靠管理者发挥技巧，但其中也有一些基本的原则要求。这些原则是管理者有效处理矛盾的前提，具体包括以下几方面。

第一，深入调查以掌握真实的情况。

管理者要成功地解决员工之间的矛盾纠纷，首先必须进行深入细致的调查研究，在调查中不能走马观花、浮光掠影，既要听原告的，又要听被告的；既要听当事人的，又要听旁观者的。在深入细致的调查基础上，再对所掌握的材料进行系统的分析和研究。通过调查研究要掌握下列情况：矛盾纠纷的起因、经过、现状和趋向；矛盾纠纷双方的观点、理由、要求和动向；是无原则的矛盾纠纷，还是原则问题上的冲突；矛盾纠纷产生的原因是认识上的分歧，还是利益上的冲突。掌握这些情况，便于领导者对症下药，成功地调解员工之间的矛盾纠纷。

第二，确定解决问题的目标。

解决问题的目标，从某种意义上说也就是解决问题希望达到的某种目的，这本质上也是一个目标。这个目标是最终决定解决问题的根本出发点。这个目标的确定可以帮助你下决心不姑息一方面的利益而做出果断决定。你常常会在取舍之间徘徊不定，这个时候以此目标为尺度衡量得失、权衡利弊之后，就会得出令人满意的结论。另外，确定目标是解决意见不同这类矛盾的必要方法。当几种意见蜂拥而至时，你需要向员工明确部门的工作目标，这是你们实现"求同存异"的一个很好的方法。往往当员工发现正在与自己争吵的对方原来也是为了同一个目的的时候，他的怒气就会消去很多，也更乐于接受和听取其他人的意见。

第三，保持公正客观的态度。

公正客观才能促使矛盾最终得以平息或化解，不公正的处理只能激化矛盾。

毫无疑问，领导也有喜恶、偏爱。有时候明明知道员工在拐弯抹角地拍马屁赞美你，却禁不住对他露出亲切的微笑；有时候明明知道他指出的是你一贯的缺点，并且早晚会给部门带来很坏的影响，但你仍以冷面相对，心里还不住地咒骂这个不识趣的小子。你还基本上被理智所控制，一点点儿的感情用事应该不算什么。但是当你以仲裁人的身份出现时，你就必须用你的心灵去观察整个事件。如果你仍没把握做到公正，那么就多听一些局外人的意见。

实际上，我们都知道，管理者积极调解员工之间的矛盾纠纷，是为了使员工之间消除积怨，放下包袱，振奋精神，加强团结，心情舒畅地投入到工作和生活中去，而不是抓住员工的缺点、毛病冷嘲热讽，落井下石。领导者在调解纠纷的过程中要以满腔的热情，做好耐心细致的思想工作，坚持以理服人，以情感人。领导者在调解员工矛盾纠纷的过程中要依据事实，对照政策，公道正派，合情合理。支持一方，打击另一方；抬高一方，贬低另一方，这些都是非常错误的做法。与人为善，公平正直是领导者成功地调解员工之间矛盾纠纷的根本保证。

第四，循序渐进地处理。

在处理矛盾的时候切忌急躁。如果你不耐烦于无休无止的调解，以领导的身份去下达命令，反而会使情况更糟。也许员工也在气头上，当你强迫他们去做本认为是错误的事情的时候，往往会激起他们的反抗，而后果得不偿失，既激化了矛盾又失去了人心。你应该时刻保持冷静的态度看待问题，以商量的口吻与他人沟通，以宽容的心灵同别人对话，相信你一定会征服他们。

第五，善于利用最能解决问题的人。

虽然你是主管，但最能解决问题的也许并不是你。很多时候必须借助那些最能解决问题的人，这些人应该是问题中的权威。他们可以是"各派"的首领，可以是某类问题的专家，甚至可以是你的上司或与这类争端有联系的其他部门的领导。当你把这些权威们召集起来的时候，尽量让他们陈述自己完整的观点，开诚布公地讨论问题，以最直接的方法解决矛盾，尽力促成他们的互相理解与达成一致。这样一来，矛盾可以说就基本解决了。因为下级员工一般都支持一方的权威，一旦他们的领袖做出决定，他们自然也会跟着做出让步。

第六，采取对于双方都有利的措施。

处理冲突的根本目的是为了化解夙怨，达到团结一致的目的。就这一点而言，任何不利于双方平息怨气的行为都是失当的。首先，在具体处理过程中，不要把两个人的工作表现和工作成绩进行对比，这只能增加竞争和压力，使矛盾更加突出。其次，要以整个部门的集体利益作为标准，保证双方都获得利益，这是促使他们各自做出让步的好方法，站在别人的角度去思考问题，可以让你在做决定的时候，顾全到所有人的利益。

处理矛盾要讲究方法

处理矛盾，需要采取有效的方法。归纳起来，方法包括以下几种。

第一，回避法。

回避法是一种消极处理方法。在领导活动中，无论是个体还是群体之间，矛盾是屡见不鲜的，并且常常是一些令人不愉快的事情。所以在矛盾发生后，领导者可能选择一种消极的处理办法，如无视矛盾的存在，希望其各自通过减少群体间的相互接触来消除分歧。

回避冲突法的运用有其前提条件，即必须保证矛盾没有严重到损害组织的效能。在这种情况下，领导者通过回避对策，可让冲突双方有和平共处的机会。如果领导者真想解决矛盾，那么应该将两个群体的注意力引向他们之间的共同点，而尽量设法掩饰他们的分歧。

回避是不去追究群体间矛盾的原因，因此矛盾可能依然存在，只不过被群体间的相互交往掩盖起来了。但是，领导者面临的危险是，群体间冲突的严重程度可能在一个非常不适当的场合大大加剧，有可能极大地损害组织的工作成果。采取回避这样的消极办法，其结果可能会使组织在以后花费大量的人力、时间来解决群体间的矛盾，而这种耗费是组织难以承受的。

采取这种策略，面临的挑战是要密切注视群体间冲突的程度和严重性，并研究这种紧张关系对组织经历的事件可能产生的影响。

虽然对于群体间某些不太严重的矛盾，回避方法是合适的，但在处理群体间的矛盾时，往往还得采取较主动的态度。

第二，隔离法。

隔离法就是将矛盾双方分离开来。唯物辩证法认为，凡是矛盾都有既对立又统一的两个方面。如果将矛盾的双方分离开来，那么这个矛盾就会消失或改变其形式，这种特定的矛盾就得以解决。在领导工作中，善于运用"分离"法往往可以起到"无为而无不为"的效果。

实际上，在各种组织机构中，隔离法是运用最多的矛盾处理方式，是单位内部调节人际关系、提高工作效率的重要方法。工作中，同志之间、领导班子内部、领导与员工之间都会难以避免地产生这样或那样的矛盾，严重时还会影响工作的正常进行。其中很多因素在原有格局下一时很难解决，若及时进行人事调整，使矛盾双方避开直接接触，就可防止矛盾激化。例如两个员工在一个部门，日久生怨，闹起了矛盾，怎么处理呢？最好的方法当然是将两个人"分离"开，使其不再经常见面，"马勺"再碰不到"锅沿"。

在组织机构中，垂直管理体系就是隔离法的具体应用。当一个部门需要其他部门合作时，通常的做法不是直接去向该部门提出要求，而是向自己的上司进行汇报，由自己的上司向对方的上司进行协调，由对方的上司向该部门进行安排。这种隔离法减少了部门之间的冲突。但缺点也特别明显，它不适合现代企业快速反应的需要，同时也缺少团队的主动协作精神。

第三，协商法。

协商法是一种相对比较普遍的矛盾处理方法，同时也是最有效的冲突解决方式。当冲突双方势均力敌，双方的理由都比较合理时，适合采用这种方法。具体做法是管理者首先要分别了解冲突双方的意见、观点和理由，接下来组织一次三方会谈，让冲突双方充分地了解对方的想法，通过有效地交流、沟通，最终达成一致，使双方的冲突得以化解。

第四，折中法。

从严格意义上说，折中法旨在对当事人双方进行调和，但它并不讲究是否对问题加以真正的处理。作为一名领导者，可能常常碰到这样的情况，在处理员工间的矛盾过程中，矛盾的双方均各有道理，但又失之偏颇，很难明确地判明谁是谁非。这时，采用"折中法"进行调和，息事宁人是一种好的解决办法。

何为折中？《现代汉语词典》中解释为"对几种不同的意见进行调和"。也有人认为，折中如中庸。折中是一项重要的领导艺术，可有效防止和纠正"过"与"不及"两种行为产生的不良后果，其中奥妙，值得玩味。

善于运用折中法应当是一个领导者的基本素质。在很多情况下，对矛盾双方的观点加以折中处理都是最有效的方式。通过这种折中处理，一般都可以达到以下效果。

1. 既揭示了双方观点的偏颇之处，又没有打击双方。

2. 使双方都看到了对方观点的合理之处，造成一种百家争鸣、生动活泼的工作氛围。

3. 单位领导者保持了自己的超然态度，同时也保持了自己仲裁者的地位，并且可以从各种观点中取其精华，去其糟粕，吸取各家之长。

矛盾调解的结果是既无全是，也无全非，"各得其所"，而不是非此即彼。这种调和折中的方法同样也可以用在利益冲突和感情冲突的调解上。

第五，转移目标法。

所谓转移目标法，即通过对员工的注意力加以转移，促使其淡忘或重新审视矛盾的一种处理方式。

当员工产生冲突时，转移目标法比其他方法更为有效。例如，让员工将注意力集中到某个兴趣点上，淡忘那些不愉快的事情等。

第六，杀鸡儆猴法。

当矛盾已到非常严重的地步，直接影响到组织效能时，比如普遍的矛盾爆发，导致组织陷于无序状态，一般说教无法产生效果时，不妨针对整个组织进行"苏醒疗法"。方法之一便是大胆处理一个特定的资深人员。此即"牺牲个别人，拯救组织"的抓典型的做法或者叫杀鸡给猴看。因为，假如责备整个部门，将会使大家产生每个人都有错误之感而分散责任；同样地，大家也有可能认为每个人都没有错。所以，只惩戒严重过失者，可使其他人员心想"幸亏我没有做错"，进而约束自己不犯错误。不仅如此，如果受指责的对象是具有成绩的资深或重要干部，其效果必然倍增。因为部门内紧张感提高后，每个人都会心怀愧疚地自责："他被责骂是因为我们的缘故！"如此一来，员工各自庆幸不已，并且一定会尽弃前嫌，加倍努力工作，组织则自动回到有序的状态。

总之，身为上司若是单指责员工，则可能使此人的自尊心受到严重的伤害；但是，如果受指责的是肩负重担的部门主管，由于他能确认自己的位置及被指责的原因，因此对他并不会造成严重的伤害。

第七，仲裁法。

当冲突双方矛盾激化后，双方的敌视情况严重，而且冲突的一方明显不合情理，这时如果管理者出面采取仲裁法，直接进行了断比较合适。

第八，目标整合法。

目标整合法即领导人员通过给矛盾双方设置高难度的目标，促使矛盾双方为实现目标必须加强合作，从而在一定程度上抑制矛盾的方法。

目标整合法的目标应当是比一般目标更高一层的工作目标。这种目标绝非任何个体仅靠单枪匹马的力量所能达到的，必须通过大家通力合作才能实现。树立超级目标是处理群体间矛盾的另一种策略，尤其是群体之间存在着相互依赖关系的情况下，这种策略有助于领导者处理组织冲突和提高组织效率。

这种方法的作用在于使双方冲突的成员感到有紧迫感和吸引力，然而任何一方单独凭借自己的资源和能力又无法达到目标，并且超级目标只有在相互竞争的群体通力协作下才能达到。在这种情况下，矛盾双方可以相互谦让和做出牺牲，共同为这个超级目标作出贡献，从而使原有的矛盾可以与超级目标统一起来，因此有助于确保组织自觉地为这个目标努力。

实际上，当某种冲突存在于群体间时，目标整合法往往是最有效且最有利于化解组织冲突的解决方式。

第九，缓冲法。

缓冲法有两种主要的表现形式，即用联络员作缓冲和用调解部门作缓冲。无论何种表现形式，缓冲法的实质都是在矛盾双方之间设立一个缓冲带，避免矛盾双方的直接碰撞，从而将冲突抑制在一定程度和范围之内。

1. 用联络员作缓冲。各部门的经理往往扮演着联络员的角色，负责处理本部门和其他部门的协作和协调问题。有许多企业还设置了经理助理职务，让经理助理充当联络员的角色，来缓解组织冲突。

2. 用调解部门作缓冲。一般企业都有专门的协调部门，负责对部门间的冲突进行协调。事实上，各企业的办公例会往往就是一个临时的调解部门。在办公例会上，由于企业决策层和冲突的相关代表都在场，所以比较容易解决部门间的冲突。

别让你的偏爱损害了公平

胜败乃兵家常事。没有胜败的企业竞争，是纯理论的。因此，容许下属有胜败，只是希望下属能"负负得正"，走向更大的胜利。这是身为企业管理者的用人责任！但是有的管理者一见下属有失败，就表露出嫌弃态度来，这大大打击了下属，也影响了其他下属的积极性。

一般来说，业绩出色的员工往往容易受到管理者们的偏爱；而对于那些有失败、过失记录的雇员来说，他们会在管理者心中多少留有一些偏见。

管理人员的这种心态，对企业人际关系而言是非常有害的，最终可能会导致两极分化、员工之间对立的内部情绪的产生，而且你也许会成为企业中"众说纷纭"的人物。

员工业绩的取得，是企业的一件喜事，也是值得你为之骄傲的，但这种骄傲一定要基于企业这个大家庭的基础之上，而不能滋生一种强烈的个人偏好和憎恶的情绪。

员工一次成绩的取得，绝不能成为他赚取私人感情的砝码。你对其个人的偏爱，虽然是在很大程度上给了他信心与继续挑战工作的勇气，或许随之而来的，还有更多获得工作业绩的机会，但是企业是属于这里每个成员的，所以每个人都应该享受同等的权利与待遇。

你对某个员工的偏爱，会让其他的员工为你们的这种亲密关系不知所措，一个个问号会在脑海中肯定了又否定，否定了又肯定。在一段时间的折腾之后，他们与你和你所喜爱的那位雇员距离将越离越远。

由于待遇的不平等，机会享受的不公正（至少他们会认为是这样），企业的人际关系变得紧张了，人们从你的偏爱中也学会了选取个人所好来加强个人的势力。结果，最糟糕的事情发生了，企业仿佛变成了四分五裂的散体，无数的小团体使企业的这股绳结出了许多解不开的"死疙瘩"！

你对业绩不太出众或犯过错误的员工的成见，与你对业绩好的员工的偏爱一样，对企业的人际关系的和谐，对企业的发展同样有害。人非圣贤，孰能无过。错误固然是不可原谅的，但你却不能从此以后就给这些可怜的员工下了"他只会犯错误"或他根本无法办好事情的结论。

245

　　犯了错误的员工通常都有自知之明，他们在对自己的行为进行检讨的同时也是懊恼不已。你对他们的归类不仅使得他们的信心又遭受了一次打击，而且，他们还会产生破罐子破摔的消极情绪，并对企业与你个人产生极强的敌对抵触情绪，这显然是企业安定团结的一种巨大的潜在危险。

　　消除你心中已有的成见，别让员工那几次失败的经历总萦绕在你的脑海中，使你总是怀疑别人改过自新、从失败中总结奋起的能力。你要平心静气地与他们恳谈，帮助他们找到错误的原因，恢复他们的自信，在语言中充分表示出对他们仍然信赖。只要他们走出自我消极的盲点，一样能为企业作出贡献。况且失败的经历，孕育着成功的希望。

　　作为一个管理人员，你应该懂得，员工个人的成功与失败是企业荣辱的组成部分。你的任务是不断地充实集体的力量，而不是人为地制造分裂。

　　按企业兵法讲，负者一旦被重用，将会拼命到底。

切忌一碗水端不平

　　赏罚在于公正严明，所以《韩非子·有度篇》中说，贵族在法制内，执法公正无私。法度的施加，聪明人也不能辩论，勇敢的人也不能争斗。犯错施刑不论大臣还是百姓都同样，奖赏好事不遗漏普通平民。所以能公就无私，无私就无过。如果有难以明断的事和疑点，稍有疏忽就会失去严明。处在这样的境地，就只有依从书经中所记载的"有疑点的罪过从轻处理，有疑点的赏奖要慎重"为标准。另一方面，奖赏不能因私怨而废弃，惩罚不能因亲近的人而不行使。

管理者处事必须公平合理，出于公心，调解矛盾，扶助弱小，恩威并施，宽严相济，一视同仁，才能顺应下属意愿，得到大家的认同，与大家同舟共济。

由于上下级之间是一种相互依赖、相互制约的关系，这一关系处于良好的状态，则双方的需要可以得到满足。一般来说，上级希望下属对工作尽职尽责，勤奋努力，以便圆满地、有创造性地完成任务；而下级则希望上级对自己的工作给予重视，对自己的工作能力及成果给予认同，并在待遇上合理分配，在生活上给予关心。最伤害下级的是有了功劳上级代为领取，而有了过失则由下级自己承担，这样会使员工心理失衡。

在处理与下级的关系上，要同等对待，不分彼此，没有亲疏，不能因外界或个人情绪的影响，表现得冷热无常。当然在实际工作中，有些领导者并没有厚此薄彼的意思，但又难免愿意接触与自己爱好相似、脾气相近的下属，无形之中冷落了另一些下属。这时管理者要适当地调整情绪，增加与自己性格爱好不同的员工的交往，尤其对那些曾经与自己意见相左的人，更应该加强沟通，增进了解，防止有可能造成的不必要的误会和隔阂。

有一些领导者将与下属建立亲密无间的感情和迁就错误混淆起来，对于下属的一些不合理的，甚至无理的要求也一味迁就，感情代替原则，纯洁的情感庸俗化。实际上，这是把下级引入了一个盲点，对工作对下级都不利。

每个人的机会应当是相等的，干得出色的下属，当然值得表扬，该评功论赏的也要给予奖赏，但平时应该和其他职工一视同仁，因为奖赏是出色工作的回报，他已经得到了回报，其他方面仍然和大家一样。工作中强调的就是公平。假若给予他一切特权，甚至对他做错事进行包庇，如何让别人模仿他，向他学习？

另外，这样还可能使他和其他人员产生距离和隔膜，使员工产生消极的情绪。一定要给员工一种公平合理的印象，这样可以激发他们努力，同时也使做出成绩的人戒骄戒躁，不断上进。同样，对于员工犯了错误也应该撇开任何的私心，进行惩罚。每个人在规章面前都是平等的，无论什么原因，首先要以一个相同的标准去衡量考核。

当然对于体弱的职工和女性职工也不能够另眼看待。如果的确是不适合女性的工作岗位，干脆就不要安排女性。但如果安排了，就要同工同酬，不能留下什么把柄，让员工有所议论。体弱职工也应如此，在规定的工作时间内，他们与其他职工是一样的，不享有任何的特权，因为企业是一个集体，需要一个良好的工作氛围。

对人员的管理切忌墨守成规。任何的规定在制定之初都有它定制的背景，随着时代环境条件的变化，背景也随之改变。黄石公说："小怨不赦免，大怨就会产生。"又说，"念旧怨而废弃立新功的人必无好结果。"所以要成就天下大事的人，心须要有容恕、宽容的度量，才能收到赏罚严明的功效。赏罚的原则是，在某种时机，不能一味拘泥于原则、原理，而应该判断出其人其事应该怎样处理；不能仅仅在公平的字义上做文章，要了解到效力应该放在事业功绩上才是最高的原则。既然如此，所有的规定和法规也应该跟着发生变化，任何管理人员都应该切实了解这一点。

公正地解决员工之间的冲突

有人群的地方就会有区别，有区别就会产生冲突。当企业中有不可避免的员工冲突摆在眼前时就需要管理者巧妙地解决它。

当一位管理者走过本部门时，员工小罗走了过来，要求私下谈谈。显然有什么事情在烦扰着小罗。回到办公室刚坐下，小罗就滔滔不绝地谈起他与同事小宋之间的冲突。

照小罗的说法，小宋欺人太甚，不惜踩着别人的肩膀向上爬。特别是，小宋为了使他难堪，故意把持住一些重要的信息，而他正需要这些信息来充实报告。小宋甚至利用别人做的工作作为自己沽名钓誉，等等。小罗坚持认为，必须对小宋采取行动，而且必须尽快行动。否则的话，他警告说，整个部门将会有好戏看。

这样，管理者就不得不处理必然要遇到的微妙局面，即两位员工之间的冲突。解决员工之间的冲突可能比解决任何难题都需要更多的技巧和艺术。在冲突大规模升级之前，该做些什么才能使之消失于无形呢？

管理者必须意识到，冲突不会自行消失，如果置之不理，员工之间的冲突只会逐步升级。作为管理者，有责任在部门里恢复和谐的气氛，有时必须穿上裁判服，吹响哨子，及时地担任起现场裁判。

下列 4 点是管理者在处理冲突时所必须牢记于心的。

1. 记住自己的目标是寻找解决方法，而不是指责某一个人。指责即使是正确的，也会使对方顿起戒心，结果反而使他们不肯妥协。

2. 不要用解雇来威胁人。除非真的打算解雇某人，否则，说过头的威胁语言只会妨碍调解。如果威胁了，然后又没有付诸实施，就会失去信用，人们再也不会认真看待管理者说的话。

3. 区别事实与假设。消除任何感情因素，集中精力进行研究，深入调查，发现事实，这有助于找到冲突的根源。能否找到冲突的根源是解决冲突的关键。

4. 坚持客观的态度。不要假设某一方是错的，而是要倾听双方的意见。最好的办法是让冲突的双方自己解决问题，而管理者担任调停者的角色。可以单独会见一方，也可以双方一起会见。但不管采用什么方式，应该让双方明白矛盾总会得到解决。

为了保证会谈成功，必须做到以下几点。

1. 定下时间和地点。匀出足够的时间，保证不把会谈内容公诸于众。

2. 说明目的。从一开始就让员工明白，管理者要的是事实。

3. 求大同，存小异。应该用肯定的调子开始会谈，指出双方有许多重要的共同点，并与双方一起讨论一致之处，然后指出，如果双方的冲突能得到解决，无论是个人、部门，还是整个公司，都可以避免不必要的损失。管理者还可以恰到好处地指出，他们的冲突可能会影响到公司的形象。

4. 要善于倾听不同意见。在了解所有的相关情况之前不要插话和提建议。先让别人讲话，他们的冲突是起因于某一具体的事件，还是仅仅因为感情合不来？

5. 完全中立。在场时必须一直保持感兴趣、听得进而又不偏不倚的形象，不要给人留下任何怀疑、厌恶、反感的印象。当员工讲话时，不能赞同地点头，不能让双方感到管理者站在某一边。事实上和表面上的完全中立有助于使双方相信管理者的公正。

6. 重申事实。重申重要的事实和事件，务必使双方不发生误解。

7. 寻求解决的方法，允许当事人提出解决的方法，特别要落实那些双方都能做到的事情。

8. 制订行动计划。与双方一起制订下一步的行动计划，并得到双方执行此计划的保证。

9. 记录和提醒。记下协议后，让双方明白，拒不执行协议将会引起严重的后果。

10. 别忘记会后的工作。这次会谈可能会使冲突的原因公开，并引起一系列的变化，但是不能认为会开完了，冲突也就彻底解决了。当事人回到工作岗位之后，他们可能会试图和解，但后来又再度失和。管理者必须在会后的几周，甚至几个月里监督他们和解的进程，以保证冲突不会再发生。

管理者可以与其中一方每周正式会晤一次来进行监督。如果冲突未能得到解决，甚至可以悄悄地观察他们的行为。

不再发生任何员工之间的冲突，这是管理者的工作职责之一。只有在感到智穷力竭时，才可以用调动工作的方法把双方隔开，但最好还是把调动工作留作最后的一招。

能否果断直接地处理冲突，表明作为管理者是否尽到了责任。积极的处理将向员工发出明确的信号，不会容忍冲突，但是愿意作出努力，解决任何问题。

做决定切勿草率

下属犯了错误，当然要追究其责任，但在事情还未搞清楚之前，千万不要急于处理，因为如果处理错了，事情就很难再挽回。如果还没有处理，那么主动权便掌握在你的手里，想什么时候处理就什么时候处理。

某公司的信息主管因提供了错误的市场信息而导致了公司决策的失误，如果你是该公司的总经理，你该如何处理这件事情？这是发生在日本著名的企业家松下幸之助身上的事，让我们看看松下幸之助是怎样对待这一事件的。

对于该信息部经理所犯的这种严重错误，松下幸之助完全有理由将其开除，但是他并没有急于做出最终的处理意见，而是分析了两种可能的情况，一种可能是这位主管本身并不称职，已不宜于再继续担任这个职务；而另一种可能则是"好马失蹄"，由于一时的大意而出现的判断错误。如果是后者，那么将他撤职就会毁掉一个人才。

松下幸之助进一步考虑到，目前还没能找到另外一个更合适的人选担任这一职务。一旦将现在这位主管撤职，将会影响到公司其他工作的有序进行。

于是，他把这位主管找来，告诉这位主管他自己将要对这次事件做出处理，但没有明确告诉他处理意见，于是事情就拖了下来。

在这段时间里，这位主管为了弥补上次的过失，一直兢兢业业地工作，多次提供了极有价值的信息，为公司的决策作出了贡献，同时也用事实证明了他是称职的，上次的失误是意外情况。

不久，松下幸之助又把他叫了过去，并对他说，鉴于他近期的业绩，本来应该给予奖励，但因为上次的失误还没有处理，所以将功抵过，既不奖励，也不处分。这种处理方法的效果无疑是非常好的，既没有影响公司整体的运作，同时又使这位信息主管以及其他员工心服口服。

我们看到，在这次事件当中，主动权始终掌握在松下幸之助的手中，虽然他没有马上将那位主管撤职，但只要找到了合适的人选，他随时都可以将现在的主管辞退。同时通过这段时间的考察，他避免了自己可能会做出的仓促决策造成人才的不必要损失。

很多时候，既然错误已经铸成，再多再重的惩罚也不能挽回损失。这个时候，管理者应该冷静下来，理智地作出分析，不可因为一时的草率而做出让自己后悔的决定。

及时应对下属情绪上的不满

让下属完全满意在某种程度上说是比较困难的，这主要是因为人之满意与否与其自身欲望的高低有着相当密切的联系，而人的欲望是无止境的，但这并不等于说对下属的不满意可以不闻不问。主管必须时刻提高警觉，防范员工有长期工作情绪低落的情况发生。因为这种现象如同传染病般具有相当的杀伤力，能够很快地让整个部门陷于瘫痪。

实际上，下属的不满是很容易发现的。倘若你细心观察，便会发现某些下属行为一反常态，例如做事心不在焉而频频出错，经常性地迟到早退，工作表现乏善可陈，不与同事打交道，刻意回避公司举办的各项活动，毫无征兆地愤怒等。这些情况都可能是下属不满的表现，必须加以注意。很多管理者对下属的这些反常现象持否定态度，认为他们没法理解，是"难缠"的员工。而实际上出现这些征兆都不会毫无原因。事实上，无论他们出现了什么样的问题，目的都只有一个，希望以此引起管理者的注意。你不必感到惊讶，因为一般人宁可挨骂，也不愿受到冷落。因此，当你察觉到某个员工原本非常敬业，最近却像是在梦游般频出差错；或是某个人缘极佳的同事，连续几天都莫名其妙地把自己"关禁闭"，不屑跟别人聊上一句时，那你得当心了，因为他们已经向你亮起了红灯，发出了一道警讯。倘若未能防微杜渐，及时予以开导，那他们的情绪会越来越低迷，所传递的警讯也越来越强烈。

但对于下属的不满究竟该如何处理呢？我们建议你按如下要求操作。

第一，弄清下属不满的原因。

没有人会无缘无故地表达自己的不满，下属既然已经因不满而采取了对立行为，那么，弄清引起其不满的具体原因则是相当重要的。

一般而言，下属不满的原因大概有以下一些方面。

1. 薪酬与付出不符。

2. 没有工休时间。

3. 管理者行为失当。

4. 工资发放不准时。

5. 安排较多的应酬活动。

6. 临时取消休假。

7. 加班没有额外补偿。

以上7点是比较常见的员工产生不满的原因。但具体工作中，导致下属不满的原因是很多的，比如办公用品等必需品供应缺乏、同事不合作等都可能导致下属产生不满。弄清下属不满的原因是相当重要的。唯有如此，你才能"对症下药"，有针对性地加以解决。

第二，消除不满的方法。

从某种意义上说，对付不满不能采取强硬的态度压制。我们知道，人生而有欲，只要有人的地方，就会有欲求不满的情形，这是毋庸讳言的事实。从这一点上来说，不满的现象是正常的。这一点也同时表明，整个经营的体制，要做到皆大欢喜几乎是不可能的，有利于员工的事情，并不一定同时有利于经营的方针。作为领导者，也不必因此过分自责。不满的滋生，多数是因工作人员情绪不稳定以及与上司无法进行正式的沟通，而与公司产生纠纷或芥蒂。

对于这样的情况，领导者的应对方法大致分为两种。

1. 满足对方的欲求。不满是因其欲求没有达到而产生的，这是一个本质上的问题。因此，平息不满的方法，就是稳定他们的情绪，寻找并解决不满的原因，聆听他们的意见，以及在可能的范围内满足他们的需求。从某种程度而言，这是极有效的解决办法。

2. 巧妙利用不满。我们前面说过，一定范围内、一定程度上的冲突是组织活力、创新力的一个来源或者说原动力。冲突的这一特点也同样体现在"不满"上。由于对现状的不满会刺激新的转变。

作为上司，要善加利用这种情绪，不要愚蠢地去做强迫性的压制。可以说，善于巧妙地利用这种情绪是一个领导者高明的领导策略的一种体现。

第三，应对不满的技巧。

就具体的不满个案来说，在处理起来是有一些技巧可探讨的。掌握这些应对技巧在某种程度可大大提升你应对不满的能力。

1. 礼貌地邀请面谈。

2. 安抚对方。

3. 控制问题的范围。

4. 求共鸣，再商议解决办法。

第九章
别忘记从自身找原因

作为管理者,当你的管理进入死胡同时,当所有的员工都对你心存不满时,不妨进行一下自省,是不是自己身上有一些缺陷。"人非圣贤,孰能无过",检查一下你的工作方法是不是陈旧老化;看看你是不是刚愎自用,不肯听取员工的意见;回想一下你是不是失信过员工,是不是喜欢跟下属争功。如果问题出在自身,先改掉自己身上的不足吧。

你的工作方法或许过时了

　　某公司老总提拔了两位年轻管理者 A 经理和 B 经理，他们都是刚从技术工作提升到技术管理职位的。A 经理觉得责任重大，技术进步日新月异，部门中又有许多技术问题没解决，很有紧迫感，每天刻苦学习相关知识，钻研技术文件，加班加点解决技术问题。他认为，问题的关键在于，他是否能向下属证明自己在技术方面是如何的出色。

　　B 经理也认识到技术的重要性和自己部门的不足，因此他花很多的时间向下属介绍自己的经验和知识；当他们遇到问题，他也帮忙一起解决，并积极地和相关部门联系和协调。

　　3 个月后，A 经理和 B 经理都非常好地解决了部门的技术问题，而且 A 经理似乎更突出。但半年后，A 经理发现问题越来越多，自己越来越忙，而下属似乎并不满意，于是觉得很委屈。B 经理却得到了下属的拥戴，部门士气高昂，以前的问题都解决了，还创造了一些新发明。

　　对优秀的管理者而言，真正意义上的成功必然是团队的成功。脱离团队，去追求个人的成功，这样的成功即使得到了，往往也是变味和苦涩的，长此以往对公司有害。因此，一个优秀的管理者绝不能一个人勇猛直前、孤军深入，而应带领下属共同前进。

　　以上所提到的有关管理者的素质模型，是适用于任何性质和规模的企业。而最基础者，也是每个管理者所必须拥有的素质——专业知识与技能，则每个企业有不同的标准和要求。

掌握所需的专业知识与技能，是从事管理类工作的基本要求。它是发挥管理者的素质作用的基础，包括在对未来进行预测的基础上，制订有挑战性的目标；有效地培养人才；在下属和团队中树立影响与权威等。每个管理者可以根据不同的行业性质、自身需求，进行有针对性的专业知识与技能的学习与积累，包括财务知识、行业知识、专业知识、产品知识、商务经营管理知识，以及一些行业的相关法律、规定和规则方面的知识。

新经济的兴起使得知识精英有机会走上管理者的位置。然而，要想做一个成功的管理者，仅具备高超的技术水平是远远不够的，还需要在许多其他方面加以修炼。

技术人才如何成为成功的管理者的6个要诀。

1. 学习沟通技巧

一位公司总裁指出："我们碰到最棘手，但又是最基本的问题，就是大部分的科技专才需要学习与人相处的技巧。"良好的人际关系是做好管理工作的基础，意欲走上管理岗位的技术人才，必须在这方面下大工夫。

2. 拓展知识领域

科技专家善于从技术角度来看待问题，这导致他们有时缺乏把握全局的战略眼光。学习一些心理学课程或参加 MBA 进修班等，拓展自己的知识领域，能极大地弥补技术人才在管理方面的不足。

3. 善于展现自己

许多科技专家经常拥有一些绝佳想法，但可惜的是，他们在展示想法时，不是让人感到无聊，就是引不起听众的兴趣。学习一些展示自己的技巧非常实用，而这也是管理者所应该具备的素质。

4. 多听专家建议

优秀的前辈和专家，在企业的运营、管理等许多方面，都具有丰富的经验。如果一个技术人才想要走上管理者的位置，多听从他们的建议，必定会受益匪浅。

5. 平时积极磨炼

对技术人才来说，在工作中乐于承担责任，能很好地锻炼自己的领导能力，并为事业的发展打下基础。比如，负责一些新方案的实施，或主动分担上司的工作等，都是很好的锻炼机会。

6. 充分了解自己

并非每个人都适合当管理者，了解自己，发挥专长，成为资深科技专家，同样能达到事业的顶峰。

不分轻重缓急的管理是无效率的

假如主管仔细地自我反省，就不难发现，主管大概都依据下列各种误区准则决定事情的优先次序。

1. 先做喜欢做的事，然后再做不喜欢做的事情；

2. 先做熟悉的事情，然后再做不熟悉的事情；

3. 先做容易做的事情，然后再做难做的事情；

4. 先做只需花费少量时间即可做好的事情，然后再做需要花费大量时间才能做好的事情；

5. 先处理资料齐全的事，然后再处理资料不齐全的事；

6. 先做已排定时间的事，然后再做未经排定时间的事；

7. 先做经过筹划的事情，然后再做未经筹划的事；

8. 先做自己的事，然后再做别人的事；

9. 先做紧迫的事，然后再做不紧要的事；

10. 先做有趣的事，然后再做枯燥的事；

11. 先做易于完成的整件事或易于告一段落的事，然后再做难以完成的整件事或难以告一段落的事；

12. 先做自己所尊敬的人或与自己有密切的利害关系的人所拜托的事，然后再做自己所不尊敬的人或与自己没有密切的利害关系的人所拜托的事；

13. 先做已发生的事，后做未发生的事。

以上准则，大致上都不符合有效的时间管理的要求。实际上，科学有效的方法是按事情的"重要程度"编排行事的优先次序。所谓"重要程度"，即指对实现目标的贡献大小。对实现目标越有贡献的事越重要，它们越应获得优先处理；对实现目标越无意义的事情，越不重要，它们越是应延后处理。我们可以根据每天的工作，将所有做的事情按照重要和紧急程度进行分类。

千万不要越俎代庖

如果想做到管理得有条不紊就要有层次。现代管理有着明显的层次分别。一个公司中应有决策层、管理层、执行层。各层次都分有与之相对应的职责和权力：决策层负责企业的经营战略、规划和生产任务的布置；管理层负责计划管理和组织生产；执行层负责具体的执行操作。如果企业老板不能正确对待这一管理中存在的客观事实，便会在管理中不可避免地出现这样或那样的问题。

有一名厂长见到工人迟到就训斥一番，看到服务员的态度不好也要批评一顿。表面上看他是一位负责任的主管，而实际上他却违背了"无论对哪一件工作来说，一个员工应该接受一个老板的命令"这样一个指挥原则，犯了越权指挥错误。员工的出勤本来是人事主任的管理范围，服务员的态度好坏是公司办公室主任的管理范围。厂长的任务则是制订企业的经营战略和生产规划，他管理的人员应是各职能科室的负责人。

作为老板，管得过多过细往往会打破正常的管理而使管理处于紊乱状态，影响公司的效益。对于员工来说，一会儿老板说个东，一会儿主管道个西，前后指令不统一，交叉重复，会令他们无所适从。管理应具有层次，而企业领导在管理中应表现出这种层次，避免"越俎代庖"的现象发生。

聪明人喜欢自己思考，独立行事，只有懒虫才会事无巨细地完全受命于人。如果企业的老板越权指挥，包办一切，什么都不放心，从企业的经营策略到工厂的生产计划，再到窗户擦得是否干净，他全部包办管到底，这就正好应和了那些懒虫的心理习惯。他们不用动脑，不用思考，只需伸手，便可完成工作了，出了问题也不承担责任。而此时正好有老板事事都包揽，谁不喜欢这样的"好"老板？

美国有个叫汉斯的企业家在将自己的生意拓展到几家大百货商场后，依旧采用小店铺的老板作风，对公司的上上下下了解透彻。哪个管理者做什么，该怎么做；哪个员工做什么，该怎么做，他都布置得细微妥帖。而当他出外度假时，才出门一周，反映公司问题的信件和电话就源源不断，而且尽是些公司内部的琐碎小事。这使得汉斯不得不提前结束原准备休一个月的假期，回公司处理那些琐碎的问题。

假如汉斯在企业管理中做到层次分明、职责清晰，怎么会度不成一个安稳的假期呢？究其原因，在于他的管理有问题，滋养了下属和员工们的惰性，造成了事无大小全凭指挥的缺乏思考和创造性的局面。以至于离了他，公司便无法正常运转。就管理成效而言，这是一种十分糟糕的情况。

企业老板全面管理、包办一切的另外一个害处，是不利于调动部下和员工的积极性与创造性，不能尽人才之用。创造性只有在不断地实践中才能表现出来，而越权指挥的主管正好就截断了通向创造性的管道，使员工和下属的行为完全听从于个人的命令和指挥。长久下来，会使他们认为想也是白想，老板一切都安排好了，即使有再新再好的创意也难见天日。个人的创造性不能在公司创业的过程中得以表现，人也就无积极性可言，出了问题便停止工作，只有等老板赶来处理，工作才能继续运转，没有一点的能动性。对于那些有才华、有能力的下属或员工，他们会比普通人更加迫切地希望表现自己的价值，而工作中却处处都得不到发挥。在这种情况下，他们难免会有一种压抑感，久了就会递交辞呈走人，这是可以意料的事。

给予员工们相当程度的自主性，并不意味着主管对管理人员的纰漏、员工的错误等不管不问、听之任之。问题是要采取对的管理方法，如果在十分紧急的情况下，把越权指挥当作临时的应急措施也未尝不可，但事后一定要马上向分工管理此事的下属通报情况，以免造成管理上的紊乱。

在管理中，老板要和下属、员工打成一片，但在涉及具体的权利和职责，或处理公司内部的种种问题时，老板就必须注意管理的层次，切忌越权指挥。对一个现代化的企业，企业领导更不宜全方位插手大大小小的事务。

刚愎自用只会害了自己

身为管理者本身的确有一定才干，但是如果过于自满，则容易走向刚愎自用。刚愎自用是一种病态心理。这种病态心理能够让人迷失心智、思维简单、固执、守旧、教条主义。其显著的症状就是目中无人，唯我独尊；其次是死要面子，拒不纳言；再者是好大喜功，揽功诿过。这种病态心理的危害在很多时候是无法估量的。

这样的人古来比比皆是，在此不再一一列举。从这里我们不难看出"刚愎自用"是一种病态的心理，并且是一种很严重的病态心理，严重到使人身败名裂，严重到祸国殃民，严重到丢掉千万人的性命。

大凡"刚愎自用"之人，手中都有一定的权力，或者是某一领域小有名气的专家。在这些权力或领域内，他人要向其请示或报告工作，这也就是其刚愎自用的资本。

首先，我们看一下"刚愎自用"者的第一个症状——目中无人，唯我独尊。自高自大、自我欣赏、自我陶醉甚至自我崇拜，是这一症状的主要表现。

他们虽然没有整天喊着"我是天下第一"，也没有在自己的办公室里挂个条幅上书"我是天下第一"，但他们的所作所为无不说明他们的目中无人、唯我独尊。在他们的语言里使用最多的词汇是"我哪有怎样"和"你错了"。

其次，我们再看一下这类人的第二个症状——死要面子，拒不纳言。前面说过了大凡"刚愎自用"者多是管理者（领导）和专家，所以他们很在乎自己的面子，自尊心都特别强。如果有哪位敢"冒天下之大不韪"，指出其缺点和错误，或是在某事的处理上向其进谏，那么就将"死"得很难堪了。

因为对于这类人而言，下属劝谏就等于冒犯（特别是有他人在场的情况下），就是不服从领导。这类人一定会找个机会给劝谏者一双"小鞋"穿的，要不就在考核时给他个不及格，看他还敢不敢在"太岁"头上动土。

最后，我们看一下"刚愎自用"者的第三个症状——好大喜功，揽功诿过。这类人的最大的嗜好就是自我肯定、自我表彰，做出一点成绩就四处炫耀、沾沾自喜。所以对于这类人来说，溜须拍马者就是他的"甜果"，在其四周尽是奴颜婢膝、献媚取宠之辈，那些敢于直言者早已被打入"冷宫"了。

另外，这类人对自己的能力从不怀疑。自己的指导思想错了，是下属理解的错误；工作分配错了，是下属的配合不利；工作不能按时完成，是下属不积极工作；工作遗忘，是下属不能及时提醒。总之，这类人是不会认错的。这类人眼中的自己只有成绩，没有错误。成绩永远是自己的，错误永远是别人的，通常最多的是下属的。

以上是对"刚愎自用"者最显著的几个症状的分析。总之，这类人永远是以"我"为中心。唯我独尊，老子天下第一；自己永远是对的，别人永远是错的；自己高高在上。有此症状的领导者或专家，如不能及时治疗，最终的结果只能是威严扫地、颜面丢尽、丢

265

官罢职、为人所不耻。

如果你想成为优秀管理者，有所成就，就要避免以上的问题，杜绝刚愎自用的心理！

与下属争功的上司缺乏远见

一些精明干练的管理者，他们共同的缺点就是喜欢打头阵、当指挥。他们不易相信下属的能力，已派给下属任务，自己却更加倍地在做着。因此，他们对下属的要求相当严厉，丝毫不具同情心，有时下属要休假，就会表现出极端的不悦。当然，他对工作是相当卖力，而且负起全责。正因为如此，每一个细微的部分，他都要插上一手，在上司面前，也从不错过任何表现机会。

像这种情形，难免会产生一个结果，那就是将下属的功劳占为己有。

像这样，将自己部门内的工作，完全归功于自己，是作为一个管理者很容易犯的毛病。任何工作，绝不可能始终靠一个人去完成，即使是一些微不足道的协助，也要表现由衷的感激，绝不可抹杀下属的努力。作为一个管理者，这是绝对要牢记的。

抹杀下属的努力，就好比在下属本已伤痕累累的身上再割上一刀，作为管理者你如何忍心？因此，抹杀下属的成绩，是一种贪婪的行为，应切忌这种行为滋生！

把功劳让给下属吧！

一个高明的管理者，不但会与下属一起分享功劳，有时还会故意把本属于自己的那份功劳推让给下属。试问，从此以后，还有哪个下属不肯全心全意替你卖力？

这绝对是最高级的用人术。

身为上级将自己的功劳让与下属，或许你会认为这样损失太大而不愿意，但若本身实力雄厚，足以建功立业，即使想吃亏也是不可能的。

当你将功劳让给下属时，切勿要求属下报恩，或者摆出威风凛凛的态度。因为下属可能会因此而感到自尊心受损，进而在工作中采取反抗的行动。如此一来，反而得不偿失。

你应该心甘情愿地把功劳让给属下，并且对其表达感谢之意。换言之，你该换个角度想，由于你身在一个可以使你"施惠"的公司，并且拥有值得你"相让"的下属，才能让你尝到满足的滋味，这一切都是值得感恩的。下属必定会将此恩惠牢记在心，在公司出现问题时即可发挥作用。而在平时，下属也会感激你。

如果管理者能持有这种心态，相信你所得到的喜悦将是不可限量的。而在如此充满和谐气氛的公司里，上级与下属之间也绝不会发生摩擦。

把功劳让给下属不过是小恩小惠，但就只是这滴水之恩，却可以令下属以涌泉相报。孰得孰失，人人自明。与此同时，必要时管理者也可以把过错一个人揽下来。

不夺功才能成功。

一个喜欢抢夺下属功劳的管理者，是不可能成功的，他得到了近利，却忽视了远利。

反之，一个不与下属抢功劳的管理者，才有可能成功。

下属的表现突出，管理者有一定的功劳，应属无可厚非的事。

但是经常将好的成绩据为己有，差劲的由下属去承担，这是最不得人心的管理者。

要令下属甘心辛劳地工作，就要懂得将功劳归于他们，否则实难令人专心投入工作。如不这样，下属的心里就会想："我做得多么好，也只是你的功劳，让你在高层会议中出风头，我的待遇则不变，犯不着呀！"有了这种心态，做事就得过且过，所谓"不求有功，但求无过"，就是在没有功可拿的情况下出现的。

有时候，虽然下属的成绩并不见得突出，但了解他们实在尽了力，也应嘉奖他们。例如在上级面前说好话，甚至找机会让一些下属参与较高层的会议。

单靠业绩来评判下属的优劣，犹如管中窥豹，不够全面。管理者应从不同的角度，用长远的目光来看下属的表现。无论他们所完成的事属于重要或次要，也应给予一定的称赞。例如"我没选错人""你又一次成功了""是你的功劳"等，下属听了之后才会有成就感和继续努力工作的意欲。

不夺功才能成功，好比用近利换远利，作为管理者，何乐而不为？

言而无信的上司会丧失威信

"取信于民"是每个管理者开展工作的基石。下属不信赖你，对你的话心存疑窦，你的要求、你的许诺渐渐会失去应有的效用。时间久了，你的威信会一落千丈，你的管理者地位会失去基础。

有这样一位厂长，上任伊始，宣布要为职工们在一年内做 5 件实事，员工自然干劲倍增。但大半年过去了，他一件事也没有办成，大家渐渐就没了热情，这位厂长也因此威望扫地，企业效益急速滑坡。

　　厂长本是想用许诺来激励员工，没有想到全行业不景气，厂子也就没有钱办那些已经许诺的事，结果是"搬起石头砸了自己的脚"。这位厂长要从这件事中吸取教训，切忌瞎许诺。对于一些企业的领导，也应该从这类事情中反思一下，没有绝对把握的事情，绝不要随便向员工许诺，否则，届时不能兑现，后果不堪设想。

　　有些领导错把轻易许诺作为激励员工的手段，这也许在短期内会起到作用，但从长远看，效果并不好。一旦许诺不能及时兑现，员工伤心失望，不如事前不做任何许诺。在这样的情况下，不如默默地为员工做一些实事，让员工落个实惠，不可把话说得太早、太满，让人空欢喜一场。

　　有些许诺关系着员工的前途与未来，员工对此极为敏感，在工作中牢牢记住管理者说过的每一句话。因此，管理者不能心情一高兴，忘乎所以，信口开河，更不可随意封官许愿，而在这些员工达到要求时却又根本不提，这只能削弱公司员工的战斗力。由此可见，管理者在日常管理中，千万不可随意许诺；若有许诺，应尽力兑现。

　　在我们身边的一些不受人欢迎的管理者，必然有他们招人讨厌的方面，但总结一下，都有一个小毛病，即言行不一致，说的是一套，做的又是一套。

　　有的管理者高兴的时候，对员工随便作出承诺，不管结果能不能实现，只图一时的口头兴奋，不久后，食言反而装着若无其事，好像从来都没有说过那句话似的。

　　有的管理者以为自己的权力是自己不负责任的理由，只管要求员工做事卖力，自己则一毛不拔，整天无所事事，一张报纸一杯茶，至多作一些口头指示。

　　有的管理者"前言不对后语"。在作出某项承诺后，条件发生变化，或者受到来自其他方面的压力，为了维护自己的利益，常常明哲保身，不惜推翻自己所做的承诺。

　　只要能够说到做到，哪怕这位上司的能力差一些，员工也会信任他，主动维护他的形象。即使他的话语与行动，不一定符合员工的要求，员工也会感到他做事有原则性，反而对他的工作要求较有信心，认为他不会有朝令夕改的情形发生，工作起来也较为投入。

你的心胸够开阔吗

　　人生活在群体中，由于信息的不完全和沟通的不彻底，或是因为主观的喜好而产生偏见是客观存在的。如果一个企业长期存在着这种现象，就可能会影响到团队精神的建立，不利于企业的发展。作为一名年轻的管理者，公司同事对你的偏见可能来自这几个方面。

　　一、你的处事风格与员工不适应

　　人都有各自的喜好，有的人喜欢接受明确的目标和任务的每个细节，有的人则不是这样。他们往往觉得，如果管理者吩咐得过于详细是对他们的不信任，所谓众口难调。因此，你最好做到因人而异，对不同的人应施以不同的风格，以免因风格上的不适应而与员工关系紧张。

二、员工自身的原因

很多时候，也许你的做法是正确的，是有利于公司发展的，但由于员工本身存在着某些不好的习惯导致其不适应而对你产生了偏见。遇到这种情况你就应该具体情况具体分析，认真对待。人总有缺点，关键是看该员工的缺点是否影响了公司的利益，如果不是，那么可以容忍。聘用一名员工就是要最大限度地发挥他的优势为公司服务，作为一名管理者你应该与员工多交流，从而取得最大可能的和谐。当然如果这种偏见的根源是你自身的缺陷，那么你就必须努力纠正。管理者一定要有良好的德行和能力，否则你很难在你的员工中形成一种魅力，而使你的管理得心应手。

此外，同事们对于年轻管理者的偏见还可能来自于：

一、误解

或许是因为你近来连连得到老总的赏识而平步青云，虽然这都是你辛勤劳动和出色表现的结果，但同事可能以为你溜须拍马搞小动作。这种偏见的产生还有另一个思想根源，亦即忌妒。这时你应该保持沉默，因为言语只会使你越辩越糊涂，行动或许更有效。你要始终如一，不为所动，时间才能使你真正地得到澄清。

二、有失偏颇的喜好

事实上，并不是每个员工的素质都很高，有的人喜欢以貌取人，他可能偏偏看不惯你的言行举止。尽管你是十分优秀的，也努力地伸出了友好之手，但仍无济于事。那么你只能对其敬而远之，切记不可与之树敌。多一个朋友就多一条路，少一个敌人就少一个障碍。

别忘记从自身找原因 第九章

不管在什么情况下，你都应该亲善和富有忍耐精神，自身多做努力，打破僵局，建立一个和谐、轻松的氛围。这样做不仅有利于公司，也有利于你自己的工作，并使你保持心情舒畅。

倾听，也需要学习

许多管理人员不愿倾听，特别是不愿倾听下属的意见。实际上，管理问题在很大程度上就是沟通问题，80%的管理问题实际上就是由于沟通不畅所至。不会倾听的管理人员自然无法与下属进行畅通地沟通，从而影响了管理的效果。

倾听，并不一定代表你对对方谈话的认同，它仅表示对对方的尊重。每个人都有表达自己想法的权利。每个管理人员都希望自己的讲话能够被下属认真地倾听，同样，每位下属也希望自己的声音能够被自己的上级倾听。倾听不是"听见"，与"听见"不同，它反映了管理人员对下属的态度。如果某个管理人员认为自己听见了就是在倾听，这是错误的，因为倾听不仅仅用的是耳朵，更要去用心。

1. 要理解下属想说什么

管理人员在倾听时首先要弄明白的是下属到底想说些什么，是对公司的建议，对某人的意见，还是对待遇的不满？由于每个人的性格不同，不同的员工在表达自己的观点时采取的方式也不尽相同。比如，性格较内向的下属，在表述一些敏感的问题时可能会更加隐晦。这需要管理人员在平时多与下属接触，多了解下属的动态，这些对正确理解下属的意图很有帮助。

2. 要站在对方的立场去倾听

下属在讲述自己的想法时，可能会有一些看法与公司的利益或管理人员的观点相违背。这时不要急于与下属争论，而应该认真地分析他的这些看法是如何得来的，是不是其他下属也有类似的看法？为了更好地了解这些情况，管理人员不妨设身处地地站在下属的角度，为下属着想，这样做可能会发现一些自己以前没有注意到的问题。

3. 要听完后再发表意见

在倾听结束之前，不要轻易发表自己的意见。由于你可能还没有完全理解下属的谈话，这种情况下妄下结论势必会影响下属的情绪，甚至会对你产生抱怨。管理人员在发表自己的意见时，要非常的谨慎，特别是在涉及一些敏感的事件时，尤其要保持冷静，埋怨和牢骚绝不能出自管理人员之口。对员工而言，你的言论代表着公司的观点，所以你必须对你说出的每一句话负责。

4. 要做记录，并且兑现承诺

在倾听员工的讲述时，最好做一些记录，一方面表明你对他谈话的重视，另一方面也可以记录一些重要的问题，以防遗忘。管理人员对自己作出的承诺，最好也进行记录。作出的承诺，要及时进行兑现，如果暂时无法兑现，要向员工讲明无法兑现的原因，以及替代的其他措施。